U0022321

大學用書

保險數學

許秀麗　著

學歷：東吳大學商用數學系畢業
　　　南卡羅萊州州立大學統計博士
現職：國立成功大學統計系副教授

三民書局　印行

國家圖書館出版品預行編目資料

保險數學／許秀麗著. －－初版七刷. －－臺北市:
三民, 2012
面；　公分

ISBN 978-957-14-1904-6 (平裝)

1. 保險

563.7　　81004882

© 保險數學

著作人	許秀麗
發行人	劉振強
著作財產權人	三民書局股份有限公司
發行所	三民書局股份有限公司
	地址　臺北市復興北路386號
	電話　(02)25006600
	郵撥帳號　0009998-5
門市部	(復北店) 臺北市復興北路386號
	(重南店) 臺北市重慶南路一段61號
出版日期	初版一刷　1992年10月
	初版七刷　2012年3月
編號	S 560090

行政院新聞局登記證局版臺業字第○二○○號

ISBN 978-957-14-1904-6 (平裝)

http://www.sanmin.com.tw　三民網路書店

自　序

近年來保險事業日趨熱絡，全民健康保險之推動，更加突顯其重要性。而保費之計算乃保險業中重要的一環，倘計算不得宜，則將使保險業者蒙受損失或使被保險人支付過高的保費。有鑑於此，撰寫本書的目的乃在簡介人壽保險純保費之計算。

欲瞭解此純保費的計算，首先得明瞭利息及年金之意義及其計算方式；又償還債務之應用方面亦於本書中有詳盡的介紹。

本書適用對保費之計算有興趣之初學者，其只須具備基本的代數計算能力即可，若有微積分“極限”的概念者更佳。

付梓在即，雖文稿一再編撰審校，仍唯恐有所疏漏，盼望各方先進，不吝指教糾正，以更趨圓滿。

許秀麗　謹記

民國八十一年八月

保險數學

目　次

第三章——基本年金

第四章——一般年金

第五章——分期攤還與償債基金

第六章——生命年金

第七章——人壽保險與責任準備金

附表　151

第一章　簡介

§1.1　保險事業之沿革

一、保險之胚始：

遠在兩千年前，保險業尚未萌芽時，我國商人在產地從內河運送糧食、藥材或日用必需品到他處銷售，必須事先聯合貨物所有人，將各人準備運送之不同貨物，依照比例分別同裝一船或數船，組成船隊起運，彼此互相有所照應，設運送途中一船遭受損失，使每人分擔些許損失，不僅符合經濟原則，亦使消費市場不發生供求困難，此一辦法，已具備有危險分散的保險原理了。

二、保險之演進：

自從政府遷臺後，在保險的領域上，做了最紮實的工作，就是訂定了相關保險法令，使之保險業務能蓬勃發展，諸如：保險法、保險法施行細則、保險業管理規則等。隨著保險業務量的不斷擴大，在民國七十年以後，新保險之開辦，諸如：火災保險、海上保險、汽車保險、航空保險、意外保險、人壽保險、健康保險、傷害保險等，保險的種類是愈來愈多，其保險契約之複雜度亦更趨加深。民國七十年財政部爲打破國內保險事業之壟斷現象，遂准許美國保險業在臺設立分公司。而由於保險事業已進入戰國時代，故財政部於民國七十一年十二月成立保險業務發展專案小組，就保險業之財務標準、保險行銷、保險業與從業人員之管理、再保險與自留額、統計與費率、保險監理體系等做通盤檢討，期使保險業務進入正軌。

三、保險費率的訂定：

保險費率屬保險商品的內容，保險消費大衆支付對價的計算標準，本屬契約自由的範圍，惟基於保險契約的特殊性，不能任由保險業者自訂，而應受主管機關的監督。監督之意有二：一則由主管機關訂定；一則由業者自訂，經主管機關的核准。就監督保險費率而言，爲使保險費率合理化，財政部擬增加編制，並且徹底檢討費率計算公式。

四、目前國內保險業現況：

截至今年（民國八十一年）四月，我國人壽保險公司共有十五家，國內外商約佔一半，目前尚有五家外商壽險公司申請設立，可預見未來外商壽險公司家數將凌駕國內業者。八十年度總保費收入一千六百八十億三千八百餘萬元中，國內業者佔有率爲九七•七〇%，爲一千六百四十一億八千七百萬元，外商公司佔二•三%，爲三十八億五千餘萬元。

§1.2　保險數學之領域

本書就保險人(Insurer)、要保人(Applicant)、被保險人(Insured)、保險費(Premium)、保險單(Insurance Policy)、保險額(Amount of Insurance)、保險日(Policy date)定義下探討保險費率的計算。而保險費＝純保險費 ＋營業附加費(Loading)。其中純保險費係指恰能供給保險給付之用，爲本書要探討的部分。純保險費的設定建立在發生意外事件的可能性，故須就機率論的領域上討論。而營業附加費係指保險公司之各種可計費用加上經營合理利潤，這數值由保險公司依其各別狀況而計算。而純保險費率的計算與現值、年金有著極大的關聯性，所以本書就利息計息、年金的討論分別在第二至第四章中加以探討。而在第五章亦討論利息的計算與年金除在保險業外的其他用途如償還債款方式的應用。

而生命表(Mortality Table)是計算生命年金及人壽保險費率的根據，其編製是根據各年齡層之觀察人數於一年內死亡的可能性，而計算出各年齡之死亡機率。在第六、七兩章中會有詳盡的介紹有關生命年金及人壽保險與準備金的概念。

第二章　利息

§2.1　簡介與名詞介紹

利息（Interest）可將定義爲借方（borrower）向貸方（Lender）借用資金（Capital）所付出的代價。理論上而言，利息和資金不一定是同一種物品或商品。如甲向乙借攪拌器作蛋糕，甲用完後，將攪拌器還給乙，附加上一些所烤的蛋糕當報酬。在例中攪拌器是資金，所酬謝的蛋糕就是利息。因例中攪拌器的使用，送的蛋糕，難以量化，不易分析。所以一切物品皆以金錢量化，以便討論。

借方於開始所借之資金稱爲本金（Principal）。其所使用資金的特定期間稱爲時間（Term）。經此特定時間貸方連同本金所得稱爲本利和（Amount or Accumulated value）。本利和與本金之差額則稱之爲利息。單位時間內，單位本金所產生的利息稱爲利率（Rate of Interest），一般利率以百分率（%）表示。由於單位時間的單位不同故有年利率、月利率、週利率與日利率之別。

以後如不特別聲明，則爲年利率。

在此，吾人假設在使用期間不再有借入或提出本金部分。即在這期間，任何款項的改變都是因利息的影響。很清楚的在借貸期初本利和即本金。而且本利和一般隨著時間的增長而遞增。若本利和遞減則表示利息爲負，在實際生活中應該是不可能發生的。若爲常數，則表示無利息的產生，也是不常碰見的。如何計算本利和呢？設i 爲年利率，從其定義可得(1)一年後其本利和爲 $1+i$ 元，且(2)本利和在期初値爲一元。由此二敍述及數學上函數的意義，可知有無限多的函數滿足此二敍述，有二個函數在實務中是最常見的。單利法（Simple Interest）及複利法（Compound Interest）將在下面分別討論。

§2.2　單利法

若每年利息皆爲一常數，即在第一年後的本利和爲 $1+i$，第二年爲 $1+2i$，以此類推，則 t 年後爲 $1+i\cdot t$。此爲單利法。現以符號代替前面所提名詞。設P 爲本金，i 爲利率，t 爲時期，I 爲利息，S 爲本利和。從單利法可得

$$I=P\cdot i\cdot t$$

$$\begin{aligned} S&=P+I=P+P\cdot i\cdot t \\ &=P(1+i\cdot t) \end{aligned}$$

在此，須注意的是，若 i 爲年利率，則 t 須以年爲單位，若 i爲月利率，則 t 之單位必須以月表示。嚴格而言，本利和與利息此二公式定義在整數 t 值，即 t 未滿一則無利息。然而在數學上可將此定義延伸至所有正數 t，即利息的產生與時期成正比，前者可用圖1.1(a)，後者以圖1.1(b)表示。

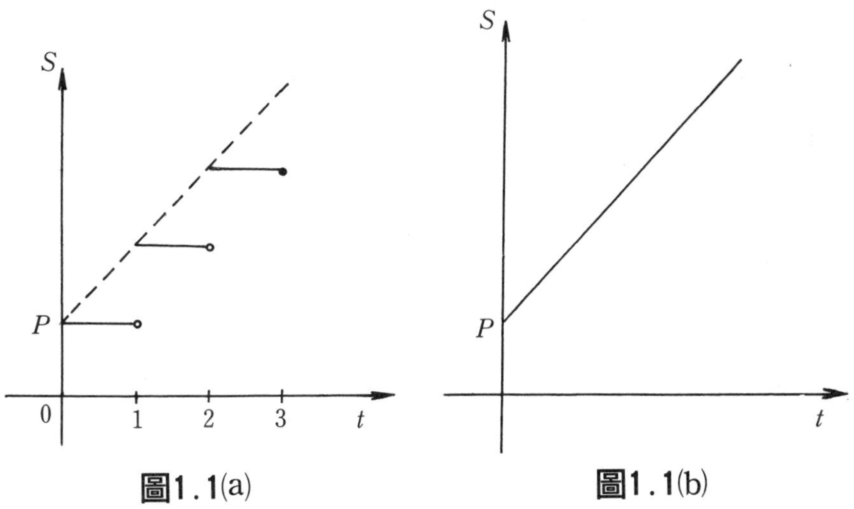

圖1.1(a)　　**圖1.1**(b)

若無特別強調，書上則假設利息可產生在分數的時期。亦即爲圖1.1(b)之情形。

現如利率爲年利率，而時期以日來計算，其計算利息的方法有四，分別討論於下：(1)用眞正的借貸日除以365日，此爲準確單利法（Exact Simple Interest），借貸日數的計算是以借款日及還款日爲一日，考慮閏年以366日爲一年，平年以365日爲一年。(2)以30日爲一月計算借貸日數，除以360日，此爲普通單利法（Ordinary Simple Interest）。(3)用眞正借貸日數除以360日，此爲銀行家規則（Banker's Rule）。(4)用估計借貸日數除以365

日。以上四法中銀行家規則對借者較不利，但易吸引顧客去銀行存款賺取利息；而普通單利法容易計算；而第四法不易吸收顧客，故於實務上較不實用。

例1 本金1,000元，利率12%，試求六年後的單利息及本利和。

解： 依題意 $P=1{,}000 \quad i=12\% \quad t=6$

則利息 $I=P\cdot i\cdot t=1{,}000\times 12\%\times 6$

$=720$

本利和 $S=P+I=1{,}000+720$

$=1{,}720$

例2 本金510元，三年後得利息107.1元，試求出利率爲何?

解： 依題意 $P=510 \quad t=3 \quad I=107.1$

但 $i=?$

$I=P\cdot i\cdot t\Rightarrow 107.1=510\times i\times 3$

得 $i=7\%$

例3 現有本金 P 元，利率 i，問經過幾年後本利和爲本金的 r 倍?

解： 依題意 P，i 已知，且 $S=r\cdot P$，但 $t=?$

因 $S=P(1+i\cdot t)$

$\Rightarrow \quad r\cdot P=P(1+i\cdot t)$

$\Rightarrow \quad r=1+i\cdot t$

$\Rightarrow \quad t=\dfrac{r-1}{i}$ (年)

例4 投資10,000在七、八兩個月用6%的單利法，試求有多少利息？分別用以上四種方法計算。

解：依題意，七、八二月每月日數皆爲31日，故實際借貸日數爲

$31+31=62$。

而估計借貸日數則爲$2\times 30=60$。

(i) $I_1=P\cdot i\cdot t=10{,}000\times 6\%\times\frac{62}{365}$

$=101.92$

(ii) $I_2=10{,}000\times 6\%\times\frac{60}{360}=100$

(iii) $I_3=10{,}000\times 6\%\times\frac{62}{360}=103.33$

(iv) $I_4=10{,}000\times 6\%\times\frac{60}{365}=98.63$

§2.3　複利法與現值

單利法不將所得利息再投資賺取更多利息，複利法則不然。複利法將每期所賺的利息加入投資部分以累積本金，繼續獲取更多利息。複利法中原始本金稱爲複利現值，以P表示；相鄰二計息日之間的時期稱爲複利期（Conversion period）；每年內計息次數稱爲次數；借貸期間內計息次數稱爲期數，以 t 表示，每期利率以 i 表示。如同在單利法中 i 若爲月利率，t 必須以月爲單位，若 i 爲年利率，則 t 以年爲單位。最後一期全部的本利和爲複利終值，與期初複利現值的差額稱之爲複利息，以 I 代表。

設複利現值爲 P, 利率爲 i, 則第一期末可得利息 $P\cdot i$, 因此第一期末終值爲 $P+P\cdot i=P(1+i)$, 亦即第二期期初現值, 則第二期末可獲$P(1+i)\times i$ 的利息, 期末本利和則爲 $P(1+i)\times i+P(1+i)=P(1+i)^2$。以此類推, 經過 t 期後本利和爲

$$S=P(1+i)^t$$

複利息爲

$$\begin{aligned} I&=S-P \\ &=P(1+i)^t-P \\ &=P((1+i)^t-1) \end{aligned}$$

若將此二式定差中的 t 延伸爲所有正數, 也就是未滿一期仍有利息所得, 則本利和與期數成指數關係, 其關係如圖:

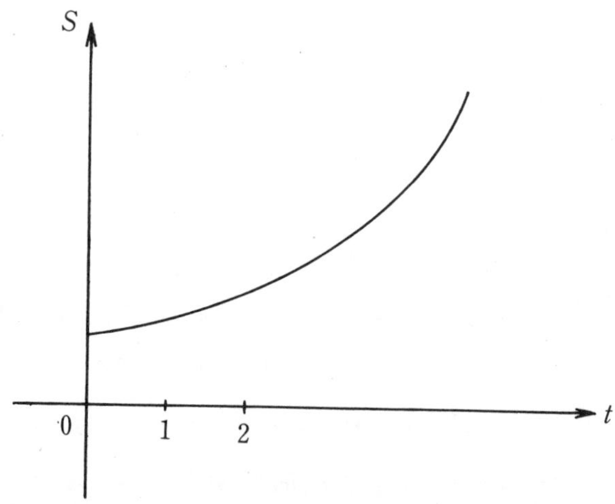

複利公式的計算在早期是頗爲繁瑣, 故有複利表(以 1 元爲本金, 幾個常用 t 和 i 值, 計算出複利終值的表格), 對數表或以二項式定理法(i.e. $(a+b)^n= a^n+\binom{n}{1}a^{n-1}b+\binom{n}{2}a^{n-2}b^2+\cdots+b^n$)來加以

輔助，現由於計算機或個人電腦之風行，已無此困擾，所以使用複利法不再有任何困難。

一般而言，若期數 t 不爲整數時，爲了減低計算的難度起見，通常將分數部分以單利法計算。即：若 $t=t_0+t_1$，$0<t_1<1$，且 t_0 爲整數，則

$$S=P(1+i)^{t_0+t_1}$$
$$\fallingdotseq P(1+i)^{t_0}(1+i\cdot t_1)$$

例1　本金500元，年利率5厘，每年計息一次，試求7年後之本利和及所得利息。

解：依題意　$P=500$　$i=5\%$　$t=7$

所以本利和 $S=P(1+i)^t=500(1+0.05)^7=703.55$(元)

且複利息　$I=S-P=703.55-500=203.55$(元)

例2　若本金爲1,300元，年利率12%，每月計息一次，試問一年後複利終值?

解：此題中每月計息一次，所以必須將年利率改爲月利率，亦即

$i=12\%/12=1\%$

且 $P=1,300$，$t=12$

則 $S=P(1+i)^t=1,300(1+1\%)^{12}$

$=1,464.87$(元)

例3　本金4,100元，年利率7%，經5年又3個月後所得利息爲多少?

解：依題意 $P=4,100$　$i=7\%$　$t=5\frac{3}{12}=5\frac{1}{4}$ 年

(i) 以準確複利法

$S=4,100(1+7\%)^{5\frac{1}{4}}=5,848.56$

則複利息$I=5,848.56-4,100=1,748.56$(元)

(ii) 以一般複利法，則

$S=4,100(1+7\%)^{5\frac{1}{4}}$

$\doteqdot 4,100(1+7\%)^{5}\times(1+7\%\times\frac{1}{4})$

$=5,851.10$

複利息$I=5,851.10-4,100=1,751.10$(元)

由此例中可看出一般複利法的利息較準確複利法的多。所以單利法較適用於短期投資，而複利法則適用於長期投資，此可於習題上的證明問題中獲得證明。

從 $S=P(1+i)^n$ 可知複利現值 $P=S(1+i)^{-n}$。P 可將其解釋爲現所應投資的金額，經過 n 次利率 i 複利後，將累積成 S 元。若以單利法考慮，則其現值 $P=\frac{S}{1+i\cdot n}$。

例4 請問現應投資多少元，三年後可得1,000元，如果

(i) 用單利率5%

(ii) 用複利率5%

解：依題意 P 未知，$S=1,000$，$n=3$，$i=5\%$

(i) $P=\frac{S}{1+i\cdot n}=\frac{1,000}{1+5\%\times 3}=869.57$(元)

(ii) $P=\frac{S}{(1+i)^n}=\frac{1,000}{(1+0.05)^3}=863.84$(元)

由此例中，現值若以單利考慮則比以複利考慮所得的值為多。

§2.4　單、複貼現法

前二節單利法與複利法所提的利率，是期末的利息部分，貼現率則是在期初就要付清的利息。若李先生向銀行借＄10,000一年，用利率10％支付利息，則一年後李先生得還銀行＄11,000。若李先生借款條件是用貼現率10％支付利息的話，則他只能拿到＄9,000(＄1,000已先支付利息)，到一年後再還10,000。因此從此例中很清楚可知利率10％與貼現率10％所代表的意義並不相同。雖然李先生都是付1,000元當作利息。但若以利率計息，李先生可運用＄10,000；如果是用貼現率，只能運用＄9,000。欲與利率所付利息有所差別，吾人稱以貼現率所付的利息為貼現息（Discount)。現將利息及貼現息之意義總結如下：

利息：根據年初所借的額度計算，而需於年末多支付的部分。
貼現息：根據年末所應付的額度，計算年初應先扣除的部分。

如同利率一般，貼現率也有單貼現率與複貼現率，現分別討論於下：

單貼現率的情況，現假設P為借貸時期的期初淨收額，d為單貼現率，t為借貸時期次數，S為到期值，D為貼現息。從上面的討論可知，每期應付 $S\times d$ 的貼現息，所以

$$D=S\times d\times t$$

且 $P=S-D$

$=S-S\times d\times t$

$=S(1-d\cdot t)$

此情況可以下圖表示：

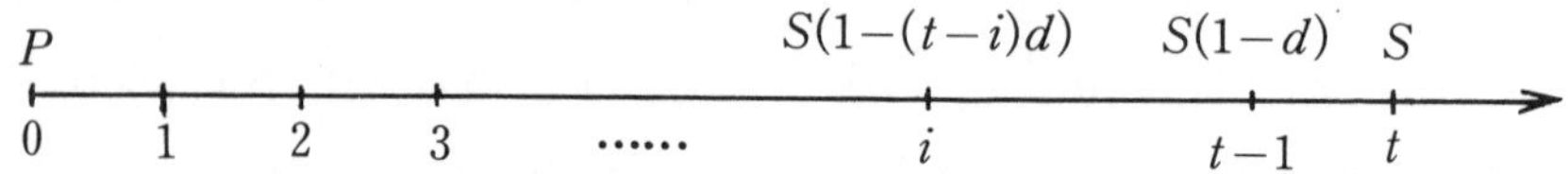

例1 某人以半年後到期的三萬元支票，請求以單貼現率10%貼現，現可得多少，且貼現息爲多少？

解： 依題意 $S=30,000$ $d=10\%$ $t=\frac{1}{2}$(年)

則貼現息 $D=S\times d\times t$

$$=30,000\times 10\%\times \frac{1}{2}=1,500$$

且淨收額 $P=S-D=30,000-1,500$

$=28,500$(元)

例2 某人現以一年三個月後到期的18,000元支票，請求以單貼現率貼現得16,200元，問單貼現率多少？

解： 依題意 $S=18,000$ $t=1\frac{1}{4}$(年) $P=16,200$ $d=?$

因 $D=S-P=18,000-16,200=1,800$

且　$1,800 = S \times d \times t = 18,000 \times d \times 1\frac{1}{4}$

$\Rightarrow$　單貼現率 $d = 8\%$

若某人向銀行借1,000元十年，以單貼現率10%貼現，計算其可得淨收額爲0元；若借12年則某人現之淨收額爲-200元，即某人現拿不到錢，還需付出200元。所以借貸期間過長以單貼現率貼現的話，會產生此一不合理的現象，若以複貼現率則無此現象。P，S，t，D 符號同單貼現法，d 現爲複貼現率。

S 爲第 t 期到期值，在$(t-1)$期末依貼現率 d 貼現，則貼現息爲$S \cdot d$，且其淨收額爲 $S - S \cdot d = S(1-d)$，繼續以此款項貼現率 d 貼現，則在$(t-2)$期付之貼現息爲 $S(1-d) \cdot d$，且在第$(t-2)$期末的淨收額爲 $S(1-d) - S(1-d) \cdot d = S(1-d)^2$，以此類推得知借貸期間期初淨收額

$$P = S(1-d)^t$$

而全部的貼現息爲

$$D = S - P = S - S(1-d)^t = S(1-(1-d)^t)$$

此結果可以下圖表示：

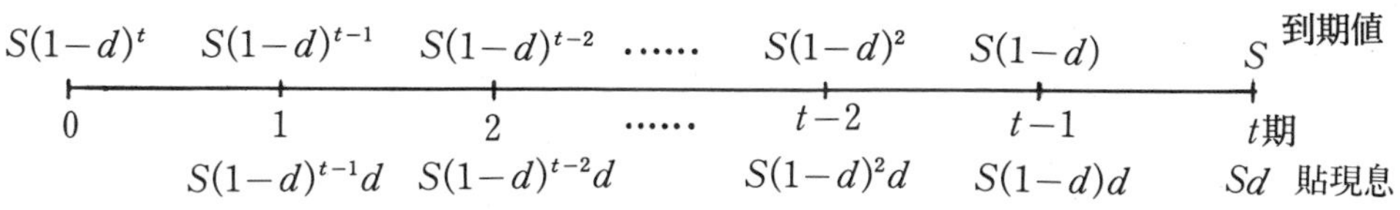

$S(1-d)^t$	$S(1-d)^{t-1}$	$S(1-d)^{t-2}$	……	$S(1-d)^2$	$S(1-d)$	S 到期值
0	1	2	……	$t-2$	$t-1$	t期
	$S(1-d)^{t-1}d$	$S(1-d)^{t-2}d$		$S(1-d)^2d$	$S(1-d)d$	Sd 貼現息

從此亦可得知，貼現息

$$D=S(1-d)^{t-1}\cdot d+S(1-d)^{t-2}\cdot d+\cdots+S(1-d)\cdot d+S\cdot d$$
$$=S\cdot d(1+(1-d)+(1-d)^2+\cdots+(1-d)^{t-1})$$
$$=S\cdot d\cdot\frac{1-(1-d)^t}{1-(1-d)}=S(1-(1-d)^t)$$

例3 面額2,000元之票據於五年後到期，依貼現率5%每年複貼現一次，求淨收額及貼現息。

解：依題意 $S=2,000 \quad d=5\% \quad t=5$

淨收額 $P=S(1-d)^t=2,000(1-5\%)^5=1,548$(元)

貼現息 $D=S-P=2,000-1,548=452$(元)

例4 某甲欲向乙借一萬元，以12%複貼現率每半年貼現一次，二年後還。試問甲現能拿多少錢且貼現息多少？

解：依題意 $S=10,000 \quad d=\frac{12\%}{2}=6\%$(因每半年貼現一次)

$t=2\times2=4$

淨收額 $P=S(1-d)^t=10,000(1-6\%)^4=7,807$(元)

貼現息 $D=S-P=10,000-7,807=2,193$(元)

§2.5 實、虛利率及實、虛貼現率

若陳先生借1,000元一年，年利率10%。若一年計息一次，則

陳先生年尾須付100元爲利息，如每半年計息一次，則需付利息 $1,000(1+\frac{10\%}{2})^2-1,000=102.5$(元)。每季計息一次，則應付利息 $1,000(1+\frac{10\%}{4})^4-1,000=103.8$(元)。從例中得知年利率皆爲10%，但計息期間不同（一年、半年、三個月）而使所付利息有所不同，這就是實、虛利率意義所在。於此例中年利率10%並不是各案例中的實際利率，所以稱爲虛利率(nominal rate of interest)，而實利率（effective rate of interest）其定義如下，實利率 i 是年初投資1元一年後所獲取的利息部分。此定義假設期限爲一年，期初本金爲1元，若期初本金不爲 1 元，則實利率 i 亦可如此定義：一年內所得的利息除以其年初本金部分。

現在來討論實利率與虛利率的關係。如每年計息 m 次，其年利率以 $i^{(m)}$ 表示 (亦即虛利率，如果 $m=1$，虛利率等於實利率)，每期計息期間爲 $\frac{1}{m}$ 年，每期計息利率爲 $\frac{i^{(m)}}{m}$ 不再是 $i^{(m)}$ 。其計息方式和前面的相同。現假設年初投資1元，則 $\frac{1}{m}$ 年後可得利息 $\frac{i^{(m)}}{m}\times 1$ 元，第 $\frac{2}{m}$ 年期初款爲 $1+\frac{i^{(m)}}{m}$ 元，而可得 $\frac{i^{(m)}}{m}(1+\frac{i^{(m)}}{m})$ 元的利息，使得第 $\frac{2}{m}$ 年的期末餘額變成 $(1+\frac{i^{(m)}}{m})+\frac{i^{(m)}}{m}(1+\frac{i^{(m)}}{m})=(1+\frac{i^{(m)}}{m})^2$，此過程繼續至第一年末已計息 m 次可得 $(1+\frac{i^{(m)}}{m})^m$ 元。一年內取得的利息爲 $((1+\frac{i^{(m)}}{m})^m-1)$ 元即爲前面所定義之實利率。

例1 若年初投資1元每月計息一次，以年利率12%計息，求其實利率。

解：依題意 $m=12,\ \dfrac{i^{(m)}}{m}=\dfrac{12\%}{12}=1\%$

年末累積值 $1\times(1+\dfrac{i^{(m)}}{m})^{m}=1\times(1+1\%)^{12}=1.1268$(元)

利息 $1.1268-1=0.1268$(元)

即實利率爲 12.68%

例2 同例1，現改爲每季計息一次，求其實利率。

解：依題意 $m=4,\ \dfrac{i^{(m)}}{m}=\dfrac{12\%}{4}=3\%$

年末累積值 $1\times(1+\dfrac{i^{(m)}}{m})^{m}=1\times(1+3\%)^{4}=1.1255$(元)

利息 $1.1255-1=0.1255$ (元)

實利率爲 12.55%

從以上二例可得知，當 $m>1$ 時實利率必大於虛利率，且每月計息的實利率比每季計息的實利率高。一年內計息的次數 m 愈多，其相對的實利率也就愈高。直覺上的意義是計息次數多，將利息加入本金再算利息的次數就增加，最後利息就累積了更多。這對投資者而言，計息次數多了當然更有利。

假設 $A(n)$ 爲 n 期時的累積值，$A(0)$ 則爲借貸期初的本金 P， t 是借貸期數，$A(t)$則是期末本利和，設 i 爲年利率每年計息一次，從單利法可得到第 n 年的累積值爲

$$A_1(n)=P(1+i\cdot n) \quad 0\leq n\leq t$$

從複利法第 n 年的累積值爲

$$A_2(n)=P(1+i)^n \quad 0\leq n\leq t$$

由此可證明，若以單利法計息其每年的實利率並非常數，而且有逐年遞減的現象。然而如以複利法計息，則每年實利率爲常數。其證明分別如下：

設 i_n 爲第 n 年的實利率。根據定義，i_n 是第 n 年所得利息部分除以第 n 年初（也就是第$(n-1)$年末）的累積值

$$i_n=\frac{A(n)-A(n-1)}{A(n-1)}$$

依單利法

$$i_n=\frac{A_1(n)-A_1(n-1)}{A_1(n-1)}=\frac{P(1+i\cdot n)-P(1+i(n-1))}{P(1+i(n-1))}$$

$$=\frac{i}{1+i(n-1)}$$

從此式中可很快得知 n 遞增，則 i_n 遞減。故以單利法計息每年的實利率並非常數且遞減的。

依複利法

$$i_n=\frac{A_2(n)-A_2(n-1)}{A_2(n-1)}=\frac{P(1+i)^n-P(1+i)^{n-1}}{P(1+i)^{n-1}}$$

$$=\frac{(1+i)^{n-1}(1+i-1)}{(1+i)^{n-1}}=i$$

得 $i_n=i$，故可證明以複利率計息，則每年的實利率爲常數。

如同複利率，一般複貼現率也有實貼現率（effective rate of discount）與虛貼現率（nominal rate of discount）的分別。實貼現率其定義類似實利率，定義如下：

實貼現率 d 是年末到期值1元，扣除年初所付部分剩餘的貼現息。

在這裡設定的期限是一年，到期值1元。如到期值不爲1元，則可定義實貼現率 d 爲一年所付貼現息除以期末的款項。若考慮第 n 年的實貼現率，d_n，其定義則爲 $d_n=\frac{A(n)-A(n-1)}{A(n)}$，其中 $A(n)-A(n-1)$ 爲第 n 年所得的貼現息。

實、虛貼現率的關係又是怎麼呢？假設每年貼現 n 次，那麼年貼現率(即虛貼現率，當 $n=1$ 時虛貼現率等於實貼現率)以 $d^{(n)}$ 表示，貼現期間 $\frac{1}{n}$ 年，所以每期貼現率 $\frac{d^{(n)}}{n}$。同複貼現率貼現作法一樣，一年後到期值1元，一年共貼現 n 期每期貼現率 $\frac{d^{(n)}}{n}$，則年初之淨收額

$$(1-\frac{d^{(n)}}{n})^n$$

則這年所付的貼現息爲

$$1-(1-\frac{d^{(n)}}{n})^n$$

即爲實貼現率。

例3　以一年後1元之票據向人貼現，約定以貼現率6%按季貼現，問其實貼現率爲何？

解：依題意　$n=4$　則$\frac{d^{(n)}}{n}=\frac{6\%}{4}=1.5\%$

期初淨收額爲$(1-\frac{d^{(n)}}{n})^n=(1-1.5\%)^4=0.9413$

貼現息爲　$1-0.9413=0.0587$

即實貼現率爲5.87%

例4　將上題之貼現時期由按季貼現改爲每半年貼現一次，其餘條件不變。

解：依題意　$n=2$　現每期貼現率$\frac{d^{(n)}}{n}=\frac{d^{(2)}}{2}=\frac{6\%}{2}=3\%$

期初淨收額爲$(1-\frac{d^{(n)}}{n})^n=(1-3\%)^2=0.9409$

貼現息爲　$1-0.9409=0.0591$

即實貼現率爲5.91%

從上二例中可知每年貼現次數超過一次，則虛貼現率大於實貼現率；且貼現次數增加的話實貼現率降低。所以如欲以未到期票據請求貼現，那麼應向對方要求貼現次數愈多愈好。

如同利率，貼現率的複貼現法其每年的實貼現率爲常數，但單貼現法的每年實貼現率逐年遞增，其證明可自行證明之。

當每年的計息次數無限多次時，虛利率$i^{(m)}$稱之爲息力(force

of interest)；若貼現次數無限多時，則虛貼現率稱爲貼現力(force of discount)。於實務上計息或貼現是不可能分分秒秒都在進行，故在此不予繼續討論。有興趣的同學可參考 Stephen G. Kellison 的*The theory of interest*。

§2.6 等値率

我們已經介紹單、複利率 i，虛利率$i^{(m)}$，單、複貼現率d及虛貼現率$d^{(n)}$。如欲投資固定款項使其經過一定時間後不管使用上述任二種計息或貼現，而其期末到期值相等，則此二種利率或貼現率互稱爲等値率（Equivalent Rate)。

爲簡化計算起見，假設到期值爲1元，投資時間爲t，則其期初淨值

依單利率爲 $\dfrac{1}{1+i\cdot t}$ ……………①

依單貼現率爲 $1-d\cdot t$ ……………②

依複利率爲 $\dfrac{1}{(1+i)^t}$ ……………③

依複貼現率爲 $(1-d)^t$ ……………④

依虛利率$i^{(m)}$複利爲 $\dfrac{1}{(1+\dfrac{i^{(m)}}{m})^{mt}}$ ………⑤

依虛貼現率$d^{(n)}$貼現爲　　$(1-\frac{d^{(n)}}{n})^{nt}$…………⑥

從①②式可得單利率與單貼現率的等值關係爲

$$d=\frac{i}{1+i\cdot t}$$

或

$$i=\frac{d}{1-d\cdot t}$$

從③④式中複利率與複貼現率的等值關係爲

$$d=\frac{i}{1+i}$$

或

$$i=\frac{d}{1-d}$$

從⑤⑥式中可得到實、虛利率 i、$i^{(m)}$與實、虛貼現率 d、$d^{(n)}$的關係式爲

$$(1+i)=(1+\frac{i^{(m)}}{m})^{m}=(1-\frac{d^{(n)}}{n})^{-n}=(1-d)^{-1}$$

我們也可找出實利率 i、虛利率$i^{(m)}$及實貼現率 d、虛貼現率$d^{(n)}$之任二種之等值關係。這些可在習題中見到。

習　題

§2.1　簡介與名詞介紹

§2.2　單利法

1. 存入本金600元，按年利率5%計息，試問八個月後之單利息及本利和爲多少?
2. 存入本金若干元，以利率8%計息，一年半後共得本利和1,500元，試問本金爲多少元?
3. 本金2,000元，利率爲6%，試以二種計息方式計息86日的單利息分別爲何?
4. 年利率爲5%，試以銀行家規則，計算下列之總利息是多少?

存款額	存款日數
500	12
930	20
1,500	35
2,000	85

5. 本金5,000元於二年三個月後累積成爲6,300元，問單利率是多少?
6. 於35年後，欲使本利和爲期初本金的4倍，則利率爲多少?

§2.3　複利法與現值

7. 本金300元，年利率4%，每年複利一次，試求六年後之複利終值?
8. 現投資5萬元，年利率10%，每年複利二次，試求三年後之複利終值及複利息各爲何?
9. 設年利率5%每年複利二次，8年後得複利終值1,000元，求現值?
10. 設年利率4%每年複利四次，十年後得複利終值700元，試求現值?
11. 本金1,600元，年利率3.5%，試問多少年後可得複利終值3,076元?
12. 年利率7%每年複利二次，試問多少年後複利終值恰好是本金三倍?
13. 本金2,500元每年複利一次，9年後可得複利終值3,715.23元，試求年利率爲何?
14. 投資1,000元，年利率爲 i，一年複利1次，試問在第五年末與第十年末間所賺的利息是多少?
15. 假設 $0<i<1$，試證

    (a)　$(1+i)^t<1+i\cdot t$,　　$0<t<1$

    (b)　$(1+i)^t=1+i\cdot t$,　　$t=1$

    (c)　$(1+i)^t>1+i\cdot t$,　　$t>1$

    這個練習證明計息時期長短不同，對用單利法與複利法會產生不同的累積值的影響。
16. 1元在 n 年前的現值及 $2n$ 年前現值和爲1元，試求 $(1+i)^{2n}=?$

§2.4 單、複貼現法

17. 某人持一年半後到期之票據3,000元，以單貼現率6%請求貼現，試求淨收額及貼現息？
18. 90天後到期5,000元支票一張，以單貼現法貼現得款4,926元，求貼現率？(一年以365天計算)
19. 面值1,000元四年後到期票據，依年利率6%分別依(a)每年複利二次，(b)每年複利四次貼現，試求淨收額及貼現息各爲何？
20. 面值2,500元二年後到期之票據，依複貼現率6%貼現，按月計息，試求淨收額及貼現息？
21. 六個月後到期，到期值1,200與八個月後到期，到期值1,220之票據，若依單貼現率5%貼現，試問何時等值？
22. 到期值4,000元於60日後到期之票據，依單貼現率5%換一張80日後到期之票據，試求換得票據之到期值？(一年以360日計)。
23. 到期值4,000元於二年後到期之票據，依複貼現率4%換一張一年後到期之票據，試求換得票據之到期值？(半年貼現一次)。
24. 假設$0<d<1$，試證

    (a) $(1-d)^t<1-d\cdot t,\quad 0<t<1$

    (b) $(1-d)^t=1-d\cdot t,\quad t=1$

    (c) $(1-d)^t>1-d\cdot t,\quad t>1$

    此練習證明貼現期間長短不同，對用單、複貼現率對貼現值大小之影響。

§2.5 實、虛利率及實、虛貼現率

§2.6　等值率

25.假設虛利率爲6%，每季計息一次

(a)求2年後1,000元的累積值?

(b)求10年後所付1,000元的現值?

26.續上題，現假設以虛貼現率6%按月計息，試求(a)、(b)之值?

27.某人將於四年後從銀行領出2,000元及十年後領出5,000元，現他已存3,000元在銀行，剩餘部分將於三年後存入。假設存款利率爲$i^{(4)}=6\%$，試問三年後需存的剩餘部分爲多少錢?

28.如每季複利一次虛利率6%，則實利率、虛貼現率及實貼現率各爲多少?

29.如每年複利二次實利率8%則其對應虛利率、虛貼現率及實貼現率各爲多少?

30.(a)請將$d^{(4)}$以$i^{(3)}$表示之。

(b)請將$i^{(6)}$以$d^{(3)}$表示之。

31.試證

(a) $i=(1+\frac{i^{(m)}}{m})^m-1$　且

(b) $i^{(m)}=m[(1+i)^{\frac{1}{m}}-1]$

32.試證

(a) $d=1-(1-\frac{d^{(n)}}{n})^n$　且

(b) $d^{(n)}=n[1-(1-d)^{\frac{1}{n}}]$

33.試將(a) i 以 d 及 $d^{(n)}$ 分別表示之。

(b) d 以 i 及 $i^{(m)}$ 分別表示之。

第三章　基本年金

§3.1　簡介

年金(Annuity)其原始定義爲每年定期支付之款項，但可將其定義延伸至每月、每季、每半年或隔任意固定時間連續支付一段時間之款項。在日常生活中我們經常可以看到年金的發生，如房屋每月的租金、抵押貸款的償還、汽車的分期付款、投資的利息所得與每年所付的保險費皆是年金的例子。

如年金發生的起始和結束的日期固定而明確，這叫做確實年金(Annuity-certain)；像是房屋或財產的抵押償還就是確實年金的一個例子。如起訖日期中任一個未知的話，則稱爲或有年金(Contingent annuity)。生命年金（life annuity）就是或有年金很常見的例子，其支付的終止日是某人去世時，也就是當他活著年金才繼續給付。有一些退休計畫的退休金之發放也是如此。這種年金留到第六章再詳細討論。現在於本章只研究確實年金的問題。

兩個相鄰支付年金的期間叫做支付期間(payment period)。兩個相鄰的利息計算期間則稱爲計息期間 (interest conversion period)。每一支付期間支付的額度則叫做年金額(periodic payment of the annuity)。年金時期 (term of annuity) 是從第一期支付年金至最末一次支付的整個時期。年金時期期末的所有複利終值稱之爲年金終值 (amount of annuity)。而年金時期期初的所有複利現值則稱爲年金現值(present value of annuity)。

§3.2 簡單年金

首先討論最基本最簡單的年金，假設年金支付期間與計息期間相等，而每期期末支付的年金是固定款項一元連續支付n期，每期利率i。圖示如下：

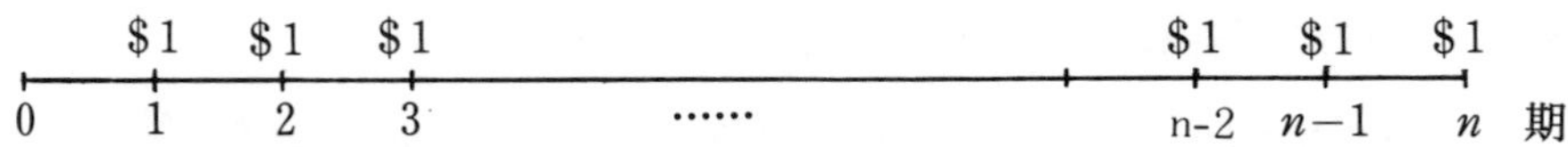

圖 3.1

根據上述的年金給付情況所得的年金終值及年金現值，分別討論於下：首先作年金終值的部分，第n期得年金1元，其終值1元；第 $n-1$ 期得年金1元，其終值爲$(1+i)$元；第 $n-2$ 期得的1元，其終值爲$(1+i)^2$元；依此類推第一期的1元，年金其終值爲

$(1+i)^{n-1}$元，將所有的終值加總即是年金終值以$s_{\overline{n}|i}$表示。

$$s_{\overline{n}|i}=(1+i)^{n-1}+(1+i)^{n-2}+\cdots+(1+i)+1$$

依n項等比級數的公式可將其簡化成

$$s_{\overline{n}|i}=\frac{(1+i)^n-1}{(1+i)-1}=\frac{(1+i)^n-1}{i} \tag{3.1}$$

而年金現值的部分現討論於下，第一期末其年金時期的現值爲ν（即$\frac{1}{1+i}$元），第二期末的1元其現值爲ν^2，依此類推第$(n-1)$期末的1元其現值爲ν^{n-1}，而年金時期期末的1元其現值爲ν^n。年金現值$a_{\overline{n}|i}$即是所有現值之累加。

$$\begin{aligned}a_{\overline{n}|i}&=\nu+\nu^2+\cdots\cdots+\nu^{n-1}+\nu^n\\&=\nu\cdot\frac{1-\nu^n}{1-\nu}=\nu\cdot\frac{1-\nu^n}{\frac{1+i-1}{1+i}}\\&=\nu\cdot\frac{1-\nu^n}{i\cdot\nu}=\frac{1-\nu^n}{i}\end{aligned} \tag{3.2}$$

$a_{\overline{n}|i}$和$s_{\overline{n}|i}$有一簡單關係如下：$a_{\overline{n}|i}$是年金時期期初現值總和，$s_{\overline{n}|i}$則是相同方式的全部期末終值，與$a_{\overline{n}|i}$比較則需多n次計息，所以

$$s_{\overline{n}|i}=a_{\overline{n}|i}(1+i)^n$$

而$s_{\overline{n}|i}$與$a_{\overline{n}|i}$之另一關係式爲

$$\frac{1}{a_{\overline{n}|i}}=\frac{1}{s_{\overline{n}|i}}+i \tag{3.3}$$

因爲

$$\frac{1}{s_{\overline{n}|i}}+i$$

$$=\frac{i}{(1+i)^n-1}+i$$

$$=\frac{i+i((1+i)^n-1)}{(1+i)^n-1}$$

$$=\frac{i(1+i)^n}{(1+i)^n-1} \qquad \text{分子分母同除}(1+i)^n$$

$$=\frac{i}{1-\nu^n}=\frac{1}{a_{\overline{n}|i}}$$

$\frac{1}{a_{\overline{n}|i}}$值在第五章有其特別意義，屆時再多加討論。如有$\frac{1}{a_{\overline{n}|i}}$值，那麼$\frac{1}{s_{\overline{n}|i}}$值由（3.3）式中很快就可獲得，不需另再計算。

如每期年金額爲 R 元而不是1元，那麼年金現值和終值分別爲 $R\cdot a_{\overline{n}|i}$及 $R\cdot s_{\overline{n}|i}$。

例1 有一年金每年尾付100元共付十年，年利率5%，試求年金現值與終值。

解： 依題意 R=100 n=10 i=5%

其年金現值爲$R\cdot a_{\overline{n}|i}$

$$=100a_{\overline{10}|5\%}=100\cdot\frac{1-(1+5\%)^{-10}}{5\%}$$

$$=100\times 7.7217=772.17\text{元}$$

而年金終值爲$R\cdot s_{\overline{n}|i}=R\cdot a_{\overline{n}|i}(1+i)^{10}$

$$=772.17\times(1+5\%)^{10}$$

$$=1257.79\text{元}$$

有些$s_{\overline{n}|i}$與$a_{\overline{n}|i}$值可在附錄中的表獲得以節省計算時間。如無法從表中找到$s_{\overline{n}|i}$或$a_{\overline{n}|i}$則採用對數法或內插法，否則就需要一部好的計算機。

例2　如某人現在銀行儲存10,000元，銀行的給付利率是6%，每半年計算一次，請問此人每半年末可從銀行領出多少錢而繼續領四年？

解：依題意　現值10,000元　$i=\dfrac{6\%}{2}=3\%$　$n=4\times2=8$

$R=?$

$$R\cdot a_{\overline{n}|i}=10,000$$

$$\Rightarrow R=\frac{10,000}{a_{\overline{n}|i}}=\frac{10,000}{a_{\overline{8}|3\%}}$$

查表　$R=\dfrac{10,000}{7.0197}=1,424.56(\text{元})$

§3.3　簡單年金的基本問題

從上節中我們得到年金終值 S 與現值 A 分別爲

$$S=R\cdot\frac{(1+i)^n-1}{i} \tag{3.4}$$

$$A=R\cdot\frac{1-(1+i)^{-n}}{i} \tag{3.5}$$

從上二式中可清楚知道A或S或R的計算是相當容易的，不會產生困難。然而如利率i未知時有三種方法解決，第一種利用附錄的表及內插法求出i，這種i值對一般實務工作是夠準確的。如有更精細的表則所求的i會更精確。第二種方法是用級數展開及代數解答。如

$$a_{\overline{n}|i}=v+v^2+\cdots+v^n$$

$a_{\overline{n}|i}$是v的n次多項式可由電腦中的程式解出其v的根，很快的就可解出i。也可將$a_{\overline{n}|i}$以二項式展開如下

$$a_{\overline{n}|i}=n-\frac{n(n+1)}{2!}\cdot i+\frac{n(n+1)(n+2)}{3!}\cdot i^2\cdots$$

或 $$\frac{1}{a_{\overline{n}|i}}=\frac{1}{n}\left[1+\frac{n+1}{2}\cdot i+\frac{n^2-1}{12}\cdot i^2\cdots\right]$$

將第三項以後去除則可得一i的二次多項式，其解就容易求得多。而需注意的是這些解有時是不夠精確的。第三種求 i 的方法是用反覆法（iteration）估計獲得，反覆法計算步驟越多次，其解就愈精確。有興趣的同學可參考 S.G. Kellison's *The Theory of Interest*，在此不予詳述。

至於當年金期數 n 未知時，從（3.4），（3.5）二式可解得

$$n=\frac{\ln\left(\frac{S\cdot i}{R}+1\right)}{\ln(1+i)} \tag{3.6}$$

$$n=\frac{-\ln\left(1-\frac{A\cdot i}{R}\right)}{\ln(1+i)} \tag{3.7}$$

在此ln是自然對數以e爲底的對數，一般來說（3.6）與（3.7）式所得的期數不會是正整數，即有一筆少於每期年金R元的金額稱之爲零星年金，需在最後一期付過R元後的下一期內付清，這種狀況對交易雙方而言都是不便且易混淆不清的，取代的方法有二，一是將零星年金部分與最後一期年金R元一併給付，即最後一期付R元加零星年金，此稱爲膨脹款項（baloon payment），另一種是將零星年金部分再延一期付清，即最後一期所付的款項少於R元，此稱爲跌落款項（drop payment）。用下例分別討論：

例1　王先生在郵局中存100,000元，計畫在每年年底提取10,000元使用，所能提取的時間要儘可能的長，假設郵局所提供的實利率是5%，問王先生能領多少年並且其零星年金爲何？如果零星年金（a）與最後一次領10,000元同時領。（b）在最後領10,000元的下年底領。（c）在正常領取後的下一年內領。

解：依題意　年金初值 A=100,000　R=10,000　i=5%

從（3.7）得　$n=\frac{-\ln\left(1-\frac{A\cdot i}{R}\right)}{\ln(1+i)}=14.2067(\text{年})$

由此可知至少王先生可領10,000元14年外加一些零星的部分。

(a)若與第14年底同時領取零星年金部分設爲 R_1 則

$$100,000=10,000a_{\overline{14}|i}+R_1\cdot v^{14}$$

或$100,000(1+i)^{14}=10,000s_{\overline{14}|i}+R_1$

解得 $R_1=2,010$（元）

即在第14年底領$10,000+2,010=12,010$（元）

(b)若王先生欲延後一年再領取零星年金部分 R_2 則

$$100,000=10,000a_{\overline{14}|i}+R_2\cdot v^{15}$$

或$100,000\ (1+i)^{15}=10,000s_{\overline{14}|i}\ (1+i)+R_2$

得$R_2=2,110$（元）

即在第15年底支領2,110元

(c)欲在14年與15年中領取零星年金 R_3，從上可知 $n=14.2067$（年），即在第14.2067年時領零星年金 R_3，故

$100,000=10,000a_{\overline{14}|i}+R_3v^{14.2067}$

得$R_3=2,028$（元）

以圖3.2表示給付年金及零星年金部分如下：

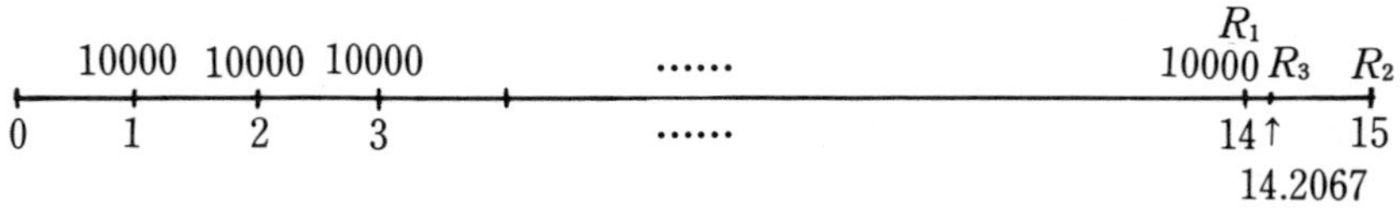

圖　3.2

從此圖可知 $R_2=R_1(1+i)=2,010(1+5\%)=2,110$且 R_3 是介於 R_1 與 R_2 之間。

例2　某人想在每年底存10萬元，存款利率2.5%，問需存多少年才能累積至100萬元?

解：依題意　$S=100$萬元　$i=2.5\%$　$R=10$萬元

從 (3.6) 得

$$n=\frac{\ln\left(\frac{S\cdot i}{R}+1\right)}{\ln(1+i)}=\frac{\ln\left(\frac{100\times 2.5\%}{10}+1\right)}{\ln(1+2.5\%)}=9.0368(\text{年})$$

則知存10萬元至少需九年外加一些零星部分，如欲在第九年底將零星部分也存入的話，那麼除10萬元外尚需R_1元

$$100=10s_{\overline{9}|2.5\%}+R_1。$$

$$R_1=100-10s_{\overline{9}|2.5\%}=100-99.545=0.455$$

即在第九年底共需存10＋0.455＝10.455（萬元）。如在第十年底才存零星年金的部分R_2，則

$$100=10s_{\overline{9}|2.5\%}(1+2.5\%)+R_2$$

解得$R_2=-2.034$萬元。

爲何得到負的零星年金呢？因爲在第九年底年金已累積至99.545萬元，離所要求的百萬元已相差不多，而再一年的利息加入已變成99.545(1＋2.5%)＝102.034萬元，超過所欲達成的目標，才會產生第十年零星年金爲負的狀況，這種陷阱在實務上需小心些。

§3.4 期初年金，永續年金，延期年金

上節所討論的年金是計息時期與年金時期相等，每期期末支付1元連續支付n期，每期利率i。如此則年金現值$a_{\overline{n}|i}$，年金終值$s_{\overline{n}|i}$。現將此年金稍爲改變一下，若將每期所付1元改爲期初給付，此種年金稱之爲期初年金(Annuity Due)。圖3.3爲期初年金之給付情形。

\$1	\$1	\$1	\$1	\$1	……	\$1		
0	1	2	3	4	……	$n-1$	n	期

圖 3.3

這種年金現值以$\ddot{a}_{\overline{n}|i}$表示而年金終值以$\ddot{s}_{\overline{n}|i}$表示，其值同簡單年金求$a_{\overline{n}|i}$，$s_{\overline{n}|i}$之法。

則 $\ddot{a}_{\overline{n}|i}=1+v+v^2+\cdots+v^{n-1}$

$$=\frac{1-v^n}{1-v}=\frac{1-v^n}{\dfrac{i}{1+i}}=\frac{1-v^n}{d} \qquad (3.8)$$

同理 $\ddot{s}_{\overline{n}|i}=(1+i)+(1+i)^2+\cdots+(1+i)^{n-1}+(1+i)^n$

$$=(1+i)\frac{(1+i)^n-1}{(1+i)-1}=\frac{(1+i)^n-1}{\dfrac{i}{1+i}}$$

$$=\frac{(1+i)^n-1}{d} \tag{3.9}$$

比較 (3.2) 和 (3.8) 其分子部分相同，然而 (3.2) 的分母爲 i，而 (3.8) 的分母爲d。在簡單年金中，年金是在期末付款而 i 計算的利息也是期末所付的。在期初年金中，年金是在期初付款，而d所計算的利息也是期初給付的。(3.1) 與 (3.9) 也有相同的情況。

很快的就可知 $\ddot{s}_{\overline{n}|i}$及$\ddot{a}_{\overline{n}|i}$有如下的關係：

$$\ddot{s}_{\overline{n}|i}=\ddot{a}_{\overline{n}|i}(1+i)^n$$

且

$$\frac{1}{\ddot{a}_{\overline{n}|i}}=\frac{1}{\ddot{s}_{\overline{n}|i}}+d$$

類似簡單年金的關係。

將簡單年金及期初年金的關係約略解釋如下：從期初年金之定義可知其付款方式是比簡單年金早一期給付，故計算年金終値時需比簡單年金的終値多計息一期，而對年金現値而言，則需比簡單年金的現値少貼現一期，故可得

$$\ddot{s}_{\overline{n}|i}=s_{\overline{n}|i}(1+i)$$

且

$$\ddot{a}_{\overline{n}|i}=a_{\overline{n}|i}(1+i)$$

此可用圖3.4表示之。

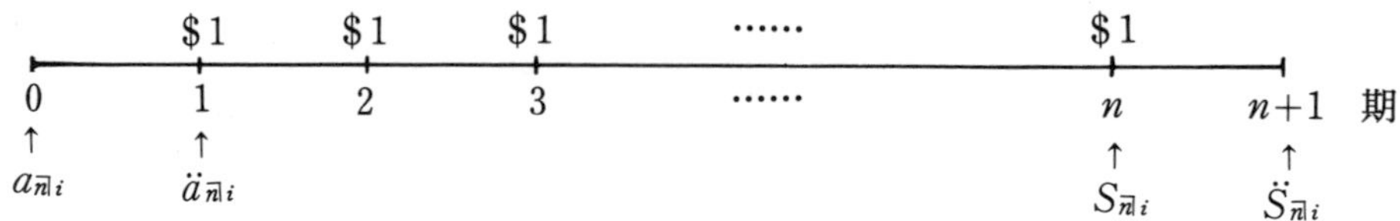

圖 3.4

同時從圖3.4可得

$$\ddot{a}_{\overline{n}|i}=1+a_{\overline{n-1}|i}$$

$$\ddot{s}_{\overline{n}|i}=s_{\overline{n+1}|i}-1$$

這個的證明留作習題。這關係式讓我們較容易計算 $\ddot{a}_{\overline{n}|i}$, $\ddot{s}_{\overline{n}|i}$ 值, 若每期年金的金額爲R元, 則期初年金的年金現值及終值分別爲$R\cdot\ddot{a}_{\overline{n}|i}$及$R\cdot\ddot{s}_{\overline{n}|i}$。

例1 每年初存入1,200元連續五年, 年利率5%, 試求年金現值與終值。

解: 依題意 $R=1,200$ $i=5\%$ $n=5$

$$\begin{aligned}R\cdot\ddot{a}_{\overline{n}|i}&=1,200\,\ddot{a}_{\overline{5}|i}\\&=1,200(1+a_{\overline{4}|i})\\&=1,200(1+3.5460)\\&=5,455.2(\text{元})\end{aligned}$$

$$\begin{aligned}R\cdot\ddot{s}_{\overline{n}|i}&=R\cdot\ddot{a}_{\overline{n}|i}(1+i)^n\\&=5,455.2(1+5\%)^5\\&=6,962.4(\text{元})\end{aligned}$$

例2　某人希望於五年後累積10,000元，現他計畫每半年初存一定金額在銀行，銀行每半年計息一次且年利率8%，問此金額爲多少?

解：依題意　$S=10,000$　$n=5\times 2=10$　$i=\frac{8\%}{2}=4\%$　$R=?$

$$S=R\cdot \ddot{s}_{\overline{n}|i}$$

$$\Rightarrow 10,000=R\cdot \ddot{s}_{\overline{10}|4\%}$$

$$\Rightarrow R=10,000/\ddot{s}_{\overline{10}|4\%}=10,000/(s_{\overline{11}|4\%}-1)$$

$$\Rightarrow R=800.87\text{（元）}$$

若年金期數爲無限多的年金，則稱爲永續年金（perpetuities)。由於年金無限次的給付，故年金終值不存在，然而其年金現值卻可由計算而得。若年金採期末給付，則永續年金其現值爲 $a_{\overline{\infty}|i}$；如採期初給付，則現值爲 $\ddot{a}_{\overline{\infty}|i}$。

$$a_{\overline{\infty}|i}=v+v^2+\cdots \qquad \text{因爲} v<1$$

$$=\frac{v}{1-v}=\frac{v}{\dfrac{(1+i)-1}{1+i}}$$

$$=\frac{v}{i\cdot v}=\frac{1}{i}$$

或 $a_{\overline{\infty}|i}=\lim_{n\to\infty}a_{\overline{n}|i}=\lim_{n\to\infty}\frac{1-(1+i)^{-n}}{i}$　$(\because \lim_{n\to\infty}(1+i)^{-n}=0)$

$$=\frac{1}{i}$$

同理可得

$$\ddot{a}_{\overline{\infty}|i}=1+v+v^2+\cdots$$
$$=\frac{1}{1-v}$$
$$=\frac{1}{d}$$

或 $\ddot{a}_{\overline{\infty}|i}=\lim_{n\to\infty}\ddot{a}_{\overline{n}|i}=\lim_{n\to\infty}\frac{1-(1+i)^{-n}}{d}$

$$=\frac{1}{d}$$

例3　若每年底付10元直到永遠, 年利率5%計息, 試求年金現值?

解: 依題意　$R=10$　$i=5\%$　$n=\infty$　年底付款,

則現值爲 $R\cdot a_{\overline{\infty}|i}=10\ \frac{1}{i}=\frac{10}{5\%}=200$(元)

例4　每季初存320元, 年利率8%每年計息四次, 求永續年金現值。

解: 依題意　$R=320$　$i=\frac{8\%}{4}=2\%$　$n=\infty$　期初存款

則現值爲 $R\cdot \ddot{a}_{\overline{\infty}|i}=R/d=R/\left(\frac{i}{1+i}\right)$

$$=320/\left(\frac{2\%}{1+2\%}\right)=16,320(\text{元})$$

到目前爲止, 所討論的年金價值不是支付第一期年金時或前一期的總價值, 就是最後一次支付年金或下一期的總價值。現在我們討論其他定點的價值，像是給付第一期年金前幾期或年金時期任一點或最後一次給付年金後幾期的價值。現分別討論如下：

一簡單年金其前m期不支付，從$(m+1)$期才開始支付n年，這種年金叫延期年金(deferred annuity)，而其年金現值以${}_{m|}a_{\overline{n}|i}$表示。此種年金於$(m+1)$期才開始給付連續$n$年，故在第$m$期時其現值爲$a_{\overline{n}|i}$，而其期初現值需將第$m$期現值往前貼現$m$期，故

$$ {}_{m|}a_{\overline{n}|i}=v^{m}\cdot a_{\overline{n}|i} \tag{3.10} $$

而此延期年金終值與$s_{\overline{n}|i}$同，與延期數無關。可將 (3.10) 表成另一種方式，暫時假設年金給付是連續$(n+m)$期，則其現值爲$a_{\overline{n+m}|i}$，然而延期年金是前m期並沒有支付，故需扣除此部分，而其現值爲$a_{\overline{n}|i}$，故可得

$$ {}_{m|}a_{\overline{n}|i}=a_{\overline{n+m}|i}-a_{\overline{m}|i} \tag{3.11} $$

此式亦可用代數證明之。

如果延期年金其支付年金期爲無限多，則稱爲延期永續年金，其現值則以${}_{m|}a_{\overline{\infty}|i}$表示，而其值

$$ {}_{m|}a_{\overline{\infty}|i}=\lim_{n\to\infty}v^{m}a_{\overline{n}|i} \qquad (\because \lim_{n\to\infty}a_{\overline{n}|i}=\frac{1}{i}) $$

$$ =v^{m}/i $$

或　$$ {}_{m|}a_{\overline{\infty}|i}=\lim_{n\to\infty}(a_{\overline{n+m}|i}-a_{\overline{m}|i}) $$

$$ =\frac{1}{i}-a_{\overline{m}|i} $$

欲求給付最後一次年金後k期之價值，如果是簡單年金，那麼第n期時累積值是$s_{\overline{n}|i}$延後k期，則需多計息k次，所以其價值是

$$(1+i)^k s_{\overline{n}|i}$$

同（3.11）式的討論可以得到

$$(1+i)^k s_{\overline{n}|i}=s_{\overline{n+k}|i}-s_{\overline{k}|i}$$

若在年金時期中求其價值有三方法，一是將年金終值往前貼現，二是將年金現值往後計息，三是已給付的部分求終值加上未給付部分的現值。有一簡單年金，求其在第$(0<k<n)$期的價值則爲

$$s_{\overline{n}|i}v^{n-k}=a_{\overline{n}|i}(1+i)^k=s_{\overline{k}|i}+a_{\overline{n-k}|i}。$$

此節所用的$s_{\overline{n}|i}$或$a_{\overline{n}|i}$都可以用$\ddot{s}_{\overline{n}|i}$或$\ddot{a}_{\overline{n}|i}$代替。

例5　每年底支付年金50元，利率3%，延期五年後

(a)連續支付十年

(b)連續永遠支付

求其現值？

解：依題意　$R=50$　$i=3\%$　$m=5$

(a)　$n=10$

$$R\cdot{}_{m|}a_{\overline{n}|i}=50\times{}_{5|}a_{\overline{10}|3\%}$$

$$=50(a_{\overline{15}|3\%}-a_{\overline{5}|3\%})$$

$=50(11.9379-4.5797)$

$=367.91$(元)

(b)　$n=\infty$

$$R\cdot{}_{m|}a_{\overline{\infty}|i}=R(\frac{1}{i}-a_{\overline{m}|i})$$

$$=50(\frac{1}{3\%}-a_{\overline{5}|3\%})$$

$=1,437.68$(元)

例6　某人於民國八十年六月一日起每月初存1,000元，繼續一年，月利率4%，試問在民國八十一年二月一日及十月一日時年金價値爲何？

解：依題意　$R=1,000$　$i=4\%$　$n=12$

此年金結束是在八十一年五月一日，在此時的價値爲$R\cdot s_{\overline{n}|i}$

而在八十年六月一日其價値爲$R\cdot \ddot{a}_{\overline{n}|i}$

故在八十一年二月一日，與五月一日比較是早三個月，與八十年六月一日比則晚八個月。所以其價値爲

$R\cdot s_{\overline{n}|i}v^3=1,000\times15.0258\times0.889=13,357.9$(元)

或$R\cdot \ddot{a}_{\overline{n}|i}(1+i)^8=R\cdot a_{\overline{12}|i}(1+i)^9=1,000\times9.3851\times1.42331$

$=13,357.9$(元)

或可表成　$R\cdot s_{\overline{9}|i}+R\cdot a_{\overline{3}|i}=R(10.5828+2.7751)$

$=13,357.9$

而在八十一年十月一日其與五月一日比較是晚五個月，所以多計息五次，則

$R\cdot s_{\overline{n}|i}(1+i)^5=1,000\times15.0258\times1.21665=18,281.1$ (元)

§3.5 變額年金

之前討論的簡單年金每期的年金額固定，如果年金額不爲常數的年金，則稱爲變額年金（varying annuity）。變額年金的現值與終值的計算，則是將各期年金額的現值與累積分別累加而成。然而有幾種型態的變額年金，其現值及終值能有簡易的表示式。本節所討論的年金額成(1)等差關係(2)等比關係，現分別將年金現值及終值討論於下。

設等差變額年金之第一期末給付之金額爲P，以後每年增加Q元共付n期，此種年金以圖3.5表示之。年金金額P必爲一正數，然而Q則可正可負，只要$P+(n-1)Q>0$就可以。若Q爲正，則年金額逐期增加稱爲遞增年金；反之Q爲負，年金額逐期減少則稱爲遞減年金。

	P	$P+Q$	$P+2Q$	……	$P+(n-2)Q$	$P+(n-1)Q$	
0	1	2	3	……	$n-1$	n	期

圖 3.5

則此年金現值爲

$$A=P\cdot v+(P+Q)v^2+(P+2Q)v^3+\cdots+(P+(n-2)Q)v^{n-1}+(P+(n-1)Q)v^n \quad (3.12)$$

此處　$v=1/(1+i)$

兩邊乘$(1+i)$得

$$(1+i)A=P+(P+Q)v+(P+2Q)v^2+\cdots+(P+(n-2)Q)v^{n-2}+(P+(n-1)Q)v^{n-1} \quad (3.13)$$

用 (3.13) 減 (3.12) 得

$$\begin{aligned}i\cdot A&=P+Q(v+v^2+\cdots+v^{n-1})-P\cdot v^n\\&\quad-(n-1)Q\cdot v^n\\&=P(1-v^n)+Q\cdot(v+v^2+\cdots+v^n)-Q\cdot n\cdot v^n\\&=P(1-v^n)+Q\cdot v\frac{1-v^n}{1-v}-Q\cdot n\cdot v^n\\&=P(1-v^n)+Q\cdot a_{\overline{n}|i}-Q\cdot n\cdot v^n\end{aligned}$$

因此

$$\begin{aligned}A&=P\frac{1-v^n}{i}+Q\cdot\frac{a_{\overline{n}|i}-n\cdot v^n}{i}\\&=P\cdot a_{\overline{n}|i}+Q\cdot\frac{a_{\overline{n}|i}-n\cdot v^n}{i}\end{aligned} \quad (3.14)$$

同理，年金終值

$$\begin{aligned}S&=A(1+i)^n\\&=P\cdot s_{\overline{n}|i}+Q\cdot\frac{s_{\overline{n}|i}-n}{i}\end{aligned} \quad (3.15)$$

例1 第一年年底支付年金500元，以後每年增加20元，共付十年實利率5%，試求年金終值及現值？

解：依題意 $P=500$ $Q=20$ $n=10$ $i=5\%$

則年金終值

$$S=P\cdot s_{\overline{n}|i}+Q\cdot\frac{s_{\overline{n}|i}-n}{i}$$

$$=500\cdot s_{\overline{10}|5\%}+20\cdot\frac{s_{\overline{10}|5\%}-10}{5\%}$$

$$=7{,}320.11(\text{元})$$

且年金現值

$$A=S(1+i)^{-n}$$

$$=7{,}320.11\times(1+5\%)^{-10}$$

$$=4{,}993.89(\text{元})$$

若$P=Q=1$，則（3.14）為

$$A_1=a_{\overline{n}|i}+\frac{a_{\overline{n}|i}-n\cdot v^n}{i}$$

$$=\frac{1-v^n+a_{\overline{n}|i}-n\cdot v^n}{i}$$

$$=\frac{\ddot{a}_{\overline{n+1}|i}-(n+1)v^n}{i}$$

$$=\frac{\ddot{a}_{\overline{n}|i}-n\cdot v^n}{i}$$

同理，年金終值為

$$S_1=A_1(1+i)^n$$

$$=\frac{\ddot{s}_{\overline{n}|i}-n}{i}$$

$$=\frac{s_{\overline{n+1}|}-(n+1)}{i}$$

若$P=n$，且$Q=-1$，則（3.14）爲

$$A_2=n\cdot a_{\overline{n}|i}-\frac{a_{\overline{n}|i}-n\cdot v^n}{i}$$

$$=\frac{n-n\cdot v^n-a_{\overline{n}|i}+n\cdot v^n}{i}$$

$$=\frac{n-a_{\overline{n}|i}}{i}$$

而年金終值爲

$$S_2=A_2(1+i)^n$$

$$=\frac{n(1+i)^n-s_{\overline{n}|i}}{i}$$

例2　如果第一年末年金金額爲100元，而後每年增加100元，共支付七年，年利率3%，求年金終值及現值？

解：依題意　$P=Q=100$　$n=7$　$i=3\%$

年金終值爲$100\times S_1=100\times\frac{s_{\overline{n+1}|i}-(n+1)}{i}$

$$=100\times\frac{s_{\overline{8}|3\%}-(7+1)}{3\%}$$

$$=2{,}974.33(\text{元})$$

而年金現值爲$100\times A_1=S_1(1+i)^{-n}$

$$=2{,}974.33\times(1+i)^{-n}$$

$$=2,974.33\times(1+3\%)^{-7}$$
$$=2,418.4(元)$$

等差變額年金若無限次支付則稱等差變額永續年金，在此情況下P,Q必須皆爲正才可避免有負的年金產生。這年金終值依然不存在，而現值從（3.14）可得爲

$$\frac{P}{i}+\frac{Q}{i^2}$$

因$\lim_{n\to\infty}a_{\overline{n}|i}=\frac{1}{i}$　且$\lim_{n\to\infty}n\cdot v^n=0$

等比變額年金表其年金額成等比級數的關係。設第一期末年金額爲1元，第 r 期末爲k^{r-1}元，$r=2, 3, \cdots n$，k爲公比。此年金終值爲

$$S=1(1+i)^{n-1}+k(1+i)^{n-2}+k^2(1+i)^{n-3}+\cdots+k^{n-2}(1+i)+k^{n-1}$$
$$=\sum_{r=1}^{n}k^{r-1}(1+i)^{n-r}$$
$$=\frac{(1+i)^n}{k}\sum_{r=1}^{n}\left(\frac{k}{1+i}\right)^r \qquad (3.16)$$

若（i）　$k\neq(1+i)$

則　$$S=\frac{(1+i)^n}{k}\cdot\frac{\left(\frac{k}{1+i}\right)\left(1-\left(\frac{k}{1+i}\right)^n\right)}{1-\frac{k}{1+i}}$$

經簡化得

$$S=\frac{(1+i)^n-k^n}{1+i-k} \tag{3.17}$$

而年金現值爲

$$\begin{aligned}A&=S(1+i)^{-n}\\&=\frac{1-(k/(1+i))^n}{1+i-k}\end{aligned} \tag{3.18}$$

若 (ii)　$k=(1+i)$

則從 (3.16) 得

$$S=\frac{(1+i)^n}{k}\sum_{r=1}^{n}1=\frac{n(1+i)^n}{k}=n(1+i)^{n-1}=n\cdot k^{n-1} \tag{3.19}$$

而年金現值爲

$$A=S(1+i)^{-n}=n(1+i)^{n-1}(1+i)^{-n}=\frac{n}{1+i}=\frac{n}{k} \tag{3.20}$$

若第一期年金額爲 R 元，則以上之公式乘 R 即可。若年金次數爲無限次，那麼此種年金稱爲等比變額永續年金，而其年金現值爲A_∞，討論如下：

(i)　$k>1+i$　從 (3.18) 式

$$A_\infty=\lim_{n\to\infty}A=\lim_{n\to\infty}\frac{1-(k/(1+i))^n}{1+i-k}$$

因 $\frac{k}{1+i}>1$　所以　$\lim\limits_{n\to\infty}\left(\frac{k}{1+i}\right)^n=\infty$

故可得　$A_\infty=\infty$

(ii)　$k<1+i$　同上可得

$$A_\infty=\lim_{n\to\infty}A=\lim_{n\to\infty}\frac{1-(k/(1+i))^n}{1+i-k}$$

因 $\dfrac{k}{1+i}<1$ 所以$\lim\limits_{n\to\infty}\left(\dfrac{k}{1+i}\right)^n=0$

故 $A_\infty=\dfrac{1}{1+i-k}$

(iii) $k=1+i$ 則從 (3.20) 得

$$A_\infty=\lim_{n\to\infty}A=\lim_{n\to\infty}\frac{n}{k}=\infty$$

由上討論得知，等比變額永續年金現值只有當年金額公比k小於 (利率加1) 時存在，且爲$1/(1+i-k)$，其餘情況則無現值，當然所有的年金終值仍是不存在的。

例3 某人半年後將收到1,000元，以後每隔半年增加5%，連續領取五年。問此年金現值及終值各爲多少？

(a)每年複利二次利率爲8%

(b)每年複利二次利率爲10%

解：依題意 $R=1{,}000$ $k=1.05$ $n=10$

(a) $i=\dfrac{8\%}{2}=4\%$ 因$1+i=1.04\neq1.05=k$ 從 (3.18) 得

$$R\cdot A=R\cdot\frac{1-\left(\dfrac{k}{1+i}\right)^n}{1+i-k}=1{,}000\cdot\frac{1-\left(\dfrac{1.05}{1.04}\right)^{10}}{1+0.04-1.05}$$

$=10{,}042.28$(元)

而年金終值爲

$$10{,}042.28\times(1+i)^n=10{,}042.28\times(1+4\%)^{10}$$

$=14,865.03$（元）

(b) $i=\dfrac{10\%}{2}=5\%$　因$1+i=1.05=1.05=k$　從（3.20）得

$$R\cdot A=1,000\times\frac{n}{k}=1000\times\frac{10}{1.05}=9,523.81(\text{元})$$

而年金終值爲

$9,523.81\times(1.05)^{10}=15,513.28$（元）

例4 每年末支付年金300元，以後逐年增加3%且永遠支付下去，求年金現值，若利率爲

(a)5%

(b)3%

(c)2%

解：依題意　$R=300$　$k=1.03$　$n=\infty$

(a)$1+i=1.05>1.03=k$　可得年金現值爲

$$R\cdot A_{\infty}=R\cdot\frac{1}{1+i-k}=300\cdot\frac{1}{1+0.05-1.03}=15,000(\text{元})$$

(b)$1+i=1+0.03=1.03=k$，故無年金現值

(c)$1+i=1+0.02<1.03=k$，也無年金現值。

習　題

§3.1　簡介

§3.2　簡單年金

1. 每年末支付年金100元連續8年，年利率6%，試求年金終值與年金現值?
2. 某人就業後每季末在郵局存2,000元，如郵局利率爲10%每年計息四次，問此人10年後可存多少錢?
3. 某人希望10年後累積30,000元，在前五年每年底存800元，後五年每年底存800＋X 元，這個存款利率爲4%，求 X?
4. 將n，$a_{\overline{n}|i}$及$s_{\overline{n}|i}$由小至大排列。
5. $s_{\overline{n}|i}=10$，$i=10\%$，求$s_{\overline{n+2}|i}$值?
6. $s_{\overline{2n}|i}=34$，$i=7\%$，求$s_{\overline{n}|i}$值?
7. $\ddot{a}_{\overline{2n+1}|i}=13.5$，$(1+i)^n=4$，求 i 值?
8. $a_{\overline{n}|i}=10$　$i=5\%$，求$s_{\overline{3n}|i}+2\cdot s_{\overline{2n}|i}+s_{\overline{n}|i}$?
9. 如每年底付1元連續10年，假設前4年利率爲3%，往後6年利率爲4%，求這年金現值和終值?
10. 設年利率是4%，每半年複利一次，問需在每半年底存多少錢才能在6年後存40,000元?

§3.3　簡單年金的基本問題

11.每年底存500元連續8年每年計息一次，得年金現值3,473.125元，求年利率?

12.每半年底存3,000元連續5年,得年金終值37,500元,求年利率?

13.已知每年底支付年金300元，年利率5%，年金終值爲2,864.73元，試求給付年金次數及零星年金?

14.張先生以40,000元購買一年金。如果每年底可領取3,000元而年利率5%每年複利一次，求零星年金?如果

(a)在最後一年領取年金額超過3,000元。

(b)在最後一年只領零星年金部分。

(c)在最後一年領3,000元後零星年金於下一年中領取。

15.有一年金2,500元依下列方式累積而成。前n年每半年底付50元，接著n年每年年底付100元，不足的部分在第$(2n+1)$年存。如果實利率是4%，求n及第$(2n+1)$年付的部分是多少?

16.貸款10,000元將於5年後開始償還，每年還1,500元，如最後一年所還部分超過1,500元，年利率3.5%，問需幾年才能還淸?

§3.4　期初年金，永續年金，延期年金

17.從1969年6月7日起每季末付100元之年金,付至1980年12月7日止，年利率6%按季計息

(a)求1968年9月7日現值。

(b)求1977年3月7日之累積值。

(c)求1981年6月7日之累積值。

18.每年底付2,000元，年利率6%，求年金現值，若

(a)延期8年而後連續支付10年。

(b)永續支付。

(c)延期15年而後永續支付。

19. 假設每季支付年金1,000元連續3年，年利率8%按季複利，求年金現值?

20. 已知每年初支付1,000元之永續年金，現改爲每年初支付連續20年之有限年金，求每年支付金額，若年利率爲7%。

21. 某人將二個有限年金合成一每年末支付之永續年金。這二個有限年金分別爲(a)每年底支付500元，年金時期15年。(b)每年底支付1,000元，年金時期30年。如銀行利率爲10%，每年複利一次，求此永續年金每期金額。

22. 試證(a) $\ddot{a}_{\overline{n}|i}=1+a_{\overline{n-1}|i}$

(b) $\ddot{s}_{\overline{n}|i}=s_{\overline{n+1}|i}-1$

23. 某個年金每6個月底支付200元，連續10年，接著10年每半年底付100元，其年金現值4,000元。另一延期年金延期10年後每半年底付250元共付10年，此年金現值爲2,500元。求此年金現值爲何？若此年金每半年底付200元付10年，而接著10年每半年底付300元。設這些年金每年複利二次。

24. 現每年初存5,000元連續存15年，而從第30年年底以後每年可領多少直到永遠？在此設年利率爲 i。

§3.5 變額年金

25. 年金時期10年，年利率5%，試求年金現值與年金終值

(a)每年年金額400元。

(b)第一年年金額400元，以後每年增加100元。

(c)第一年年金額400元，以後每年減少40元。

26. 某人於本年6月底存500元在銀行，以後每半年依次增加100元，年金時期15年，設利率為10%，每年複利二次，求年金終值與年金現值?

27. 如在第一年底付n元，逐年少付1元直到年金額為p元時停止，求此年金現值? 若利率為5%。

28. 如在第一年底付1元，逐年增加1元到第n年底付n元，以後繼續付n元直到永遠，年利率2%，求此年金現值?

29. 有一貸款1,000元將分20年償還，前5年每年底還k元，第二個5年還$2k$元，第三個5年還$3k$元，最後5年還$4k$元，利率為i，求k值?

30. 某年金在第5年底付20元以後每年扣2元直到年金額為0時停止，如年利率3.5%，求年金現值?

31. 年金時期20年，利率5%，試求年金終值與年金現值?

(a)第一年年金額500元，以後每年增加5%。

(b)第一年年金額500元，以後每年增加8%。

32. 第一年年金額1,000元，以後每年增加5%，求永續變額年金之現值，若

(a)利率為5%

(b)利率為6%

(c)利率為3%

33. 等比變額年金終值13,064元，其第一年年金額600元，期間10年，年利率6%，求每年增加率?

34. 現付1,000元以後每半年比前半年金額少10%，永遠支付下去，若年利率8%每年計息二次，求年金現值?

第四章　一般年金

第三章我們所討論的年金是支付期間與計息期間相等的簡單年金。在這一章將討論年金時期中支付年金次數與計息次數不同的情況。分別將(1)支付次數少於計息次數，(2)支付次數多於計息次數等狀況討論之。

§4.1　年金支付次數少於計息次數的情況

假設支付年金一次計息k次，而整個年金時期計息總次數爲n，即支付年金n/k次（假設n/k爲整數，如n/k不爲整數時，用下節的結果處理），並設計息期間利率爲i。此種年金可以用圖4.1表示：

圖　4.1

這種年金的支付在每第k次計息之後，共經過n次計息，故其年金現值爲

$$\nu^k+\nu^{2k}+\nu^{3k}+\cdots+\nu^{\frac{n}{k}\cdot k}$$

$$=\frac{\nu^k-\nu^{n+k}}{1-\nu^k}\text{（分子、分母共除}\nu^k\text{）}$$

$$=\frac{1-\nu^n}{(1+i)^k-1}\text{（分子、分母共除}i\text{）}$$

$$=\frac{(1-\nu^n)/i}{[(1+i)^k-1]/i}$$

$$=\frac{a_{\overline{n}|i}}{s_{\overline{k}|i}} \tag{4.1}$$

而這年金終值是

$$\frac{a_{\overline{n}|i}}{s_{\overline{k}|i}}(1+i)^n=\frac{s_{\overline{n}|i}}{s_{\overline{k}|i}} \tag{4.2}$$

若每次支付年金爲R元，則此年金現值與終值分別將(4.1)和(4.2)乘以R即是。

例1　每年末支付年金300元，年利率6%，每年複利2次連續支付5年年金，試求年金現值。

解：依題意：每年支付年金1次，計息2次，可知計息次數多於年金支付次數且$R=300$　$i=\frac{6\%}{2}=3\%$　$k=2$　$n=2\times5=10$

年金現值爲

$$R\cdot\frac{a_{\overline{n}|i}}{s_{\overline{k}|i}}=300\cdot\frac{a_{\overline{10}|3\%}}{s_{\overline{2}|3\%}}=1,260.62(\text{元})$$

例2　每半年底支付年金1,000元，年利率12%，每年複利12次，年金時期3年，求年金現值與終值。

解：依題意：每半年支付1次年金，計息6次，符合本節所討論且

$$R=1,000 \quad i=\frac{12\%}{12}=1\% \quad k=6 \quad n=3\times12=36$$

年金現值爲

$$R\frac{a_{\overline{n}|i}}{s_{\overline{k}|i}}=1000\frac{a_{\overline{36}|1\%}}{s_{\overline{6}|1\%}}=4,893.94(\text{元})$$

年金終值爲

$$R\frac{s_{\overline{n}|i}}{s_{\overline{k}|i}}=1000\cdot\frac{s_{\overline{36}|10\%}}{s_{\overline{6}|1\%}}=7,002.10(\text{元})$$

若年金是在每計息k次之前支付，共計息n次，可用圖4.2表示之。即爲期初年金。

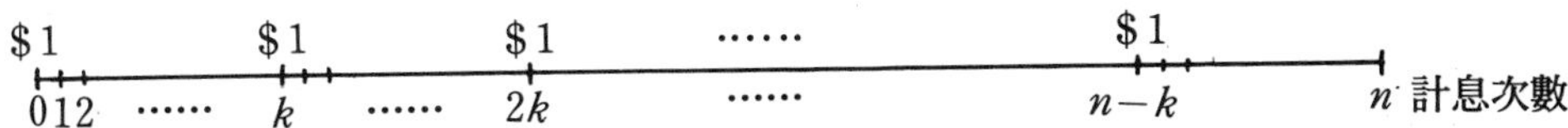

圖　4.2

則此年金現值爲

$$1+\nu^{k}+\nu^{2k}+\cdots+\nu^{n-k}$$

$$=\frac{1-\nu^{n}}{1-\nu^{k}} \qquad (\text{分子分母同除}i)$$

$$=\frac{\dfrac{1-\nu^n}{i}}{\dfrac{1-\nu^k}{i}}$$

$$=\frac{a_{\overline{n}|i}}{a_{\overline{k}|i}} \tag{4.3}$$

而此年金終值爲

$$\frac{a_{\overline{n}|i}}{a_{\overline{k}|i}}(1+i)^n=\frac{s_{\overline{n}|i}}{a_{\overline{k}|i}} \tag{4.4}$$

在此期初年金的現值或終值比期末年金的現值或皆是多計息k次，這結論也可由下二式得知

$$\frac{a_{\overline{n}|i}}{s_{\overline{k}|i}}(1+i)^k=\frac{a_{\overline{n}|i}}{\nu^k \cdot s_{\overline{k}|i}}=\frac{a_{\overline{n}|i}}{a_{\overline{k}|i}}$$

且

$$\frac{s_{\overline{n}|i}}{s_{\overline{k}|i}}(1+i)^k=\frac{s_{\overline{n}|i}}{a_{\overline{k}|i}}$$

若每計息k次，付1次年金1元而年金的支付次數爲無限多時，這種永續年金的終值仍是無限多，而其現值則爲

$$\nu^k+\nu^{2k}+\cdots=\frac{\nu^k}{1-\nu^k} \qquad \text{(同除}\nu^k\text{)}$$

$$=\frac{1}{(1+i)^k-1}$$

$$=\frac{1}{i\cdot s_{\overline{k}|i}} \qquad (4.5)$$

這結果也可由(4.1)式獲得，即n爲無限大

$$\lim_{n\to\infty}\frac{a_{\overline{n}|i}}{s_{\overline{k}|i}}=\frac{\frac{1}{i}}{s_{\overline{k}|i}}=\frac{1}{i\cdot s_{\overline{k}|i}}$$

同理，若年金是計息前支付，每隔k次計息支付1次，支付無限多期，這期初永續年金的現值爲

$$1+v^k+v^{2k}+....=\frac{1}{1-v^k}$$

$$=\frac{1}{ia_{\overline{k}|i}} \qquad (4.6)$$

相同的亦可由(4.2)式獲得

$$\lim_{n\to\infty}\frac{a_{\overline{n}|i}}{a_{\overline{k}|i}}=\frac{1}{i\cdot a_{\overline{k}|i}}$$

年金支付是延期一段時間後才開始的延期年金的終值就像以上所討論的終值，然而年金現值就不是這樣。這個現值首先將支付第一次年金時或往前一年金期間的價值以$a_{\overline{n}|}/a_{\overline{k}|}$或$a_{\overline{n}|}/s_{\overline{k}|}$表示，然後再往前貼現，而貼現次數即爲延期期間計息的次數。

例3 若年初存700元連續10年每年都存，每季計息一次，其年利率 爲6%，求年金現值與終值。

解：依題意：每年存年金1次，計息4次，即支付一次年金計息4次且爲期初年金　$R=700$　$i=\frac{6\%}{4}=1.5\%$　$k=4$

$n=4\times10=40$

年金現值爲

$$R\cdot\frac{a_{\overline{n}|i}}{a_{\overline{k}|i}}=700\cdot\frac{a_{\overline{40}|1.5\%}}{a_{\overline{4}|1.5\%}}=5,433.03(\text{元})$$

年金終值爲

$$R\cdot\frac{s_{\overline{n}|i}}{a_{\overline{k}|i}}=700\cdot\frac{s_{\overline{40}|1.5\%}}{a_{\overline{4}|1.5\%}}=9,855.62(\text{元})$$

例4　王先生現存10萬元在銀行，銀行每半年計息一次，王先生準備10年後每年領取R元，共可領12年，問R爲多少？

解：依題意：此年金每年領取1次，計息2次且年金是延期10年（計息20次）後才發生，　$R=?$　$k=2$　$n=12\times2=24$

$i=\frac{5\%}{2}=2.5\%$

（解1）此年金在10年底，即領取第一次年金的價值爲

$$R\cdot\frac{a_{\overline{n}|i}}{a_{\overline{k}|i}}$$

而現在與10年後間計息20次，所以$R\cdot\frac{a_{\overline{n}|i}}{a_{\overline{k}|i}}$需貼現20次，

而且現值是10萬元

所以　$R\cdot\frac{a_{\overline{n}|i}}{a_{\overline{k}|i}}(1+\text{i})^{-20}=100,000$

$$\Rightarrow R = 100{,}000(1+2.5\%)^{20}\frac{a_{\overline{2}|2.5\%}}{a_{\overline{24}|2.5\%}}$$

$$= 17{,}658.8(\text{元})$$

（解2） 此年金在9年底時，即領取第一次年金的前一年價值爲

$$R \cdot \frac{a_{\overline{n}|i}}{s_{\overline{k}|i}}$$

而現與9年後的計息次數18次，所以$R \cdot \frac{a_{\overline{n}|i}}{s_{\overline{k}|i}}$需往前貼現18次，且現值爲10萬元

所以 $R \cdot \frac{a_{\overline{n}|i}}{s_{\overline{k}|i}}(1+\text{i})^{-18} = 100{,}000$

$$\Rightarrow R = 100{,}000(1+2.5\%)^{18}\frac{s_{\overline{2}|2.5\%}}{a_{\overline{24}|2.5\%}}$$

$$= 17{,}659.9(\text{元})$$

§4.2 年金支付次數多於計息次數的情況

在這一節中將討論的年金其年金的支付次數比計息次數還多的情況。設計息一次時支付年金的次數爲m，而整個年金時期是計息n次，即支付年金$m \cdot n$次，並設每次計息利率爲i，且支付年金額爲$\frac{1}{m}$元，即一個計息期間內共付1元，且於期末支付，此種年金可用圖4.3表示：

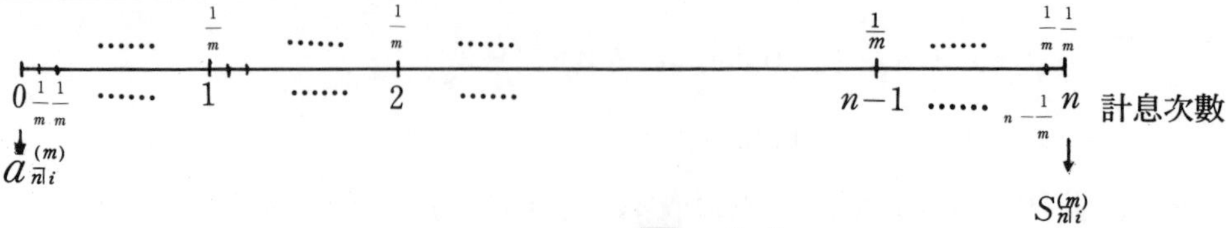

$0 \quad \frac{1}{m} \quad \frac{1}{m} \quad \cdots\cdots \quad 1 \quad \cdots\cdots \quad 2 \quad \cdots\cdots \quad n-1 \quad \cdots\cdots \quad n-\frac{1}{m} \quad n$ 計息次數

$a_{\overline{n}|i}^{(m)} \qquad s_{\overline{n}|i}^{(m)}$

圖 4.3

此種型態的年金現值與終值分別以符號 $a_{\overline{n}|i}{}^{(m)}$及 $s_{\overline{n}|i}{}^{(m)}$表示，且其值分別討論如下：

$$a_{\overline{n}|i}{}^{(m)}=\frac{1}{m}\left[v^{\frac{1}{m}}+v^{\frac{2}{m}}+\cdots+v^{n-\frac{1}{m}}+v^{n}\right]$$

共有$m \cdot n$項且$v=\dfrac{1}{1+i}$

$$=\frac{1}{m}\frac{v^{\frac{1}{m}}\left[1-(v^{\frac{1}{m}})^{m \cdot n}\right]}{1-v^{\frac{1}{m}}} \quad (\text{同除}v^{\frac{1}{m}})$$

$$=\frac{1-v^{n}}{m\left[(1+i)^{\frac{1}{m}}-1\right]}$$

$$=\frac{1-v^{n}}{i^{(m)}} \tag{4.7}$$

而此年金終值比現值多計息n次，故

$$s_{\overline{n}|i}{}^{(m)}=a_{\overline{n}|i}{}^{(m)}(1+i)^{n}$$

$$=\frac{1-v^{n}}{i^{(m)}}(1+i)^{n}$$

$$=\frac{(1+i)^{n}-1}{i^{(m)}} \tag{4.8}$$

(4.7)式與(4.8)式和第三章簡單年金的現值與終值 $a_{\overline{n}|i}$及 $s_{\overline{n}|i}$比較，可看出分子皆相同，但分母則相異，而是以$i^{(m)}$代替。從§2.5節中，可知$i^{(m)}$是對等於實利率i的虛利率，表爲計息期間內計

息m次的利率，計息時刻即為支付年金的時刻。$a_{\overline{n}|i}^{(m)}$及$s_{\overline{n}|i}^{(m)}$與$a_{\overline{n}|i}$及$s_{\overline{n}|i}$的關係如下：

$$a_{\overline{n}|i}^{(m)}=\frac{i}{i^{(m)}}\cdot a_{\overline{n}|i}$$

$$s_{\overline{n}|i}^{(m)}=\frac{i}{i^{(m)}}\cdot s_{\overline{n}|i}$$

首先計算$i^{(m)}=m[(1+i)^{\frac{1}{m}}-1]$，代入上二式，很快就可分別求得$a_{\overline{n}|i}^{(m)}$和$s_{\overline{n}|i}^{(m)}$之值。若每次年金額為$R$元，而不是$\frac{1}{m}$元，則年金現值與終值分別為

$$R\cdot m\cdot a_{\overline{n}|i}^{(m)}$$

$$R\cdot m\cdot s_{\overline{n}|i}^{(m)}$$

例1　每半年底支付年金500元共支付3年，年利率為4%每年計息一次，求年金現值與年金終值。

解：依題意：每一年計息一次，支付年金 2 次，$m=2$　$R=500$

$i=4\%$　$n=3$

則年金現值為

$$R\cdot m\cdot a_{\overline{n}|i}^{(m)}=500\cdot 2\cdot a_{\overline{3}|4\%}^{(2)}$$

$$=1{,}000\frac{i}{i^{(2)}}\cdot a_{\overline{3}|4\%}$$

$$=1{,}000\cdot\frac{4\%}{2[(1+4\%)^{\frac{1}{2}}-1]}a_{\overline{3}|4\%}$$

$$=2{,}802.58\ (\text{元})$$

則年金終值為

$$R\cdot m\cdot s_{\overline{n}|i}{}^{(m)}=R\cdot m\cdot a_{\overline{n}|i}{}^{(m)}(1+i)^n$$
$$=2{,}802.58(1+4\%)^3$$
$$=3{,}152.51\ (元)$$

例2 若每年年金額總共1,200元，年金於每月底支付，共2年，若年利率爲6%每半年計息一次，求年金現值。

解：依題意：每半年計息一次，支付年金6次，故$m=6$　$R=\frac{1{,}200}{12}=100$　$i=\frac{6\%}{2}=3\%$　$n=2\times 2=4$

則年金現值爲

$$R\cdot m\cdot a_{\overline{n}|i}{}^{(m)}=R\cdot m\cdot\frac{i}{i^{(m)}}\cdot a_{\overline{n}|i}$$
$$=100\cdot 6\ \frac{3\%}{6[(1+3\%)^{\frac{1}{6}}-1]}a_{\overline{4}|3\%}$$
$$=2{,}257.98\ (元)$$

若年金的支付於期初發生每回支付$\frac{1}{m}$元；計息一次年金支付m次，共計息n次的年金可用圖4.4表示，其年金現值與終值分別用$\ddot{a}_{\overline{n}|}{}^{(m)}$與$\ddot{s}_{\overline{n}|}{}^{(m)}$表示：

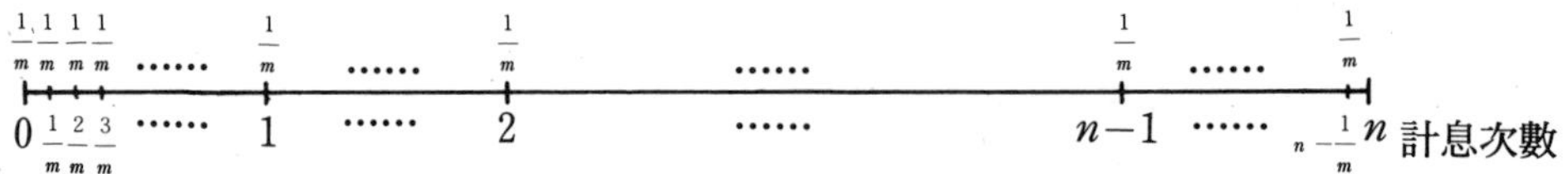

圖 4.4

年金現值爲

$$\ddot{a}_{\overline{n}|i}{}^{(m)}=\frac{1}{m}[1+\nu^{\frac{1}{m}}+\nu^{\frac{2}{m}}+\ \cdots+\nu^{n-\frac{1}{m}}]$$

$$=\frac{1}{m}\cdot\frac{1-(v^{\frac{1}{m}})^{mn}}{1-v^{\frac{1}{m}}}$$

$$=\frac{1-v^n}{m(1-v^{\frac{1}{m}})}$$

$$=\frac{1-v^n}{m[1-(1-d)^{\frac{1}{m}}]}$$

$$=\frac{1-v^n}{d^{(m)}} \tag{4.9}$$

而年金終值爲

$$\ddot{s}_{\overline{n}|i}^{(m)}=\ddot{a}_{\overline{n}|i}^{(m)}(1+i)^n$$

$$=\frac{1-v^n}{d^{(m)}}(1+i)^n$$

$$=\frac{(1+i)^n-1}{d^{(m)}} \tag{4.10}$$

(4.9)與(4.10)二式與第三章期初年金 $\ddot{a}_{\overline{n}|i}$與 $\ddot{s}_{\overline{n}|i}$比較可知分子皆相同，而分母是以$d^{(m)}$代替$d$。類似期末年金的狀況。$\ddot{a}_{\overline{n}|i}^{(m)}$及 $\ddot{s}_{\overline{n}|i}^{(m)}$與$a_{\overline{n}|i}$及$s_{\overline{n}|i}$之關係如下：

$$\ddot{a}_{\overline{n}|i}^{(m)}=\frac{i}{d^{(m)}}\cdot a_{\overline{n}|i}$$

$$\ddot{s}_{\overline{n}|i}^{(m)}=\frac{i}{d^{(m)}}\cdot s_{\overline{n}|i}$$

首先計算$d^{(m)}=m\left[1-\left(\frac{1}{1+i}\right)^{\frac{1}{m}}\right]$代入上二式即可求得 $\ddot{a}_{\overline{n}|i}^{(m)}$和 $\ddot{s}_{\overline{n}|i}^{(m)}$之值。實務上而言$d^{(m)}$的計算頗爲繁瑣，除可由上得 $\ddot{a}_{\overline{n}|i}^{(m)}$與 $\ddot{s}_{\overline{n}|i}^{(m)}$值外，也可由下列關係求得其值。首先

$$\ddot{a}_{\overline{n}|}^{(m)}=\frac{1}{m}+a_{\overline{n-\frac{1}{m}}|}^{(m)}$$

$$\ddot{s}_{\overline{n}|}^{(m)}=s_{\overline{n+\frac{1}{m}}|}^{(m)}-\frac{1}{m}$$

這二個公式類似 $\ddot{a}_{\overline{n}|i}=1+a_{\overline{n-1}|i}$與 $\ddot{s}_{\overline{n}|i}=s_{\overline{n+1}|i}-1$的推導，但前者的計算功能並不如後者，因爲 $a_{\overline{n-\frac{1}{m}}|}^{(m)}$及 $s_{\overline{n+\frac{1}{m}}|}^{(m)}$計算並非容易，除非有非常詳盡的計算表格。故考慮下面之關係式

$$\ddot{a}_{\overline{n}|}^{(m)}=a_{\overline{n}|}^{(m)}(1+i)^{\frac{1}{m}}$$

$$\ddot{s}_{\overline{n}|}^{(m)}=s_{\overline{n}|}^{(m)}(1+i)^{\frac{1}{m}}$$

此二式源由相當容易，期初年金的支付較期末早$\frac{1}{m}$期，所以期初年金現值與終值皆比期末年金現值與終值皆多計息$\frac{1}{m}$次。而此關係與 $\ddot{a}_{\overline{n}|i}=a_{\overline{n}|i}\cdot(1+i)$及 $\ddot{s}_{\overline{n}|i}=s_{\overline{n}|i}\cdot(1+i)$也有雷同之處。

由前面的關係式可得

$$\ddot{a}_{\overline{n}|i}^{(m)}=(1+i)^{\frac{1}{m}}a_{\overline{n}|i}^{(m)}\quad \left(\text{因}(1+i)=(1+\frac{i^{(m)}}{m})^{m}\right.$$

$$\left.\text{且}\, a_{\overline{n}|i}^{(m)}=\frac{i}{i^{(m)}}a_{\overline{n}|i}\right)$$

$$=\left(1+\frac{i^{(m)}}{m}\right)\frac{i}{i^{(m)}}\cdot a_{\overline{n}|i}$$

$$=\left(\frac{i}{i^{(m)}}+\frac{i}{m}\right)a_{\overline{n}|i} \qquad (4.11)$$

同理可得

$$\ddot{s}_{\overline{n}|i}^{(m)}=\left(\frac{i}{i^{(m)}}+\frac{i}{m}\right)s_{\overline{n}|i} \tag{4.12}$$

此(4.11)與(4.12)，只需計算出$i^{(m)}$之值，$\ddot{s}_{\overline{n}|i}{}^{(m)}$和$\ddot{a}_{\overline{n}|i}{}^{(m)}$之值就很容易可以求得。若每次支付年金額爲$R$元則年金現值與終值分別爲$R\cdot m\cdot \ddot{a}_{\overline{n}|i}{}^{(m)}$與$R\cdot m\cdot \ddot{s}_{\overline{n}|i}{}^{(m)}$。

例3　每月初付20元共付10年，年利率3%，每年計息一次，求年金現值與終值。

解：依題意：每年計息一次支付年金12次，故$m=12$　$R=20$　$n=10$　$i=3\%$　且期初支付

年金現值爲

$$\begin{aligned}R\cdot m\cdot \ddot{a}_{\overline{n}|}{}^{(m)}&=R\cdot m\left(\frac{i}{i^{(m)}}+\frac{i}{m}\right)a_{\overline{n}|i}\\&=20\times 12\left(\frac{0.3}{i^{(12)}}+\frac{0.3}{12}\right)a_{\overline{10}|3\%}\\&=2{,}080.37\ (\text{元})\end{aligned}$$

年金終值爲

$$\begin{aligned}R\cdot m\cdot \ddot{s}_{\overline{n}|}{}^{(m)}&=R\cdot m\cdot \ddot{a}_{\overline{n}|}{}^{(m)}(1+i)^{n}\\&=2{,}080.37\times(1.03)^{10}\\&=2{,}795.86\ (\text{元})\end{aligned}$$

在本節所討論的永續年金是其支付次數無限多，其餘設定與一般年金並無不同，那麼期末付款的永續年金現值爲

$$a_{\overline{\infty}|}{}^{(m)}=\lim_{n\to\infty}a_{\overline{n}|}{}^{(m)}=\lim_{n\to\infty}\frac{1-v^{n}}{i^{(m)}}=\frac{1}{i^{(m)}}$$

而期初付款的永續年金現值爲

$$\ddot{a}_{\overline{\infty}|}^{(m)}=\lim_{n\to\infty}\ddot{a}_{\overline{n}|}^{(m)}=\lim_{n\to\infty}\frac{1-v^n}{d^{(m)}}=\frac{1}{d^{(m)}}$$

延期年金的現值或終值的考慮與前面討論的皆相同，故不再重述，以下例說明之。

例4　若每季初付50元永遠支付下去，每年計息一次，利率3%，求年金現值。

解：依題意：每年計息一次，支付年金四次，故 $m=4$　$R=50$ 永遠連續支付，故爲永續年金，且期初支付　$i=3\%$

年金現值爲

$$R\cdot m\frac{1}{d^{(m)}}=50\cdot 4\cdot\frac{1}{d^{(4)}}=\frac{200}{0.02945}=6{,}791.205(\text{元})$$

例5　從1975年6月1日起至1978年5月1日，每月支付100元。若每年計息一次，年利率3.5%，求在1973年6月1日的價值。

解：依題意：每年計息一次，支付年金12次，$m=12$　$R=100$

$i=3.5\%$　從1975年6月1日至1978年5月1日共付年金36次，故

$$n=\frac{36}{12}=3$$

（解1）

在1975年6月1日年金現值爲

$$R\cdot m\cdot\ddot{a}_{\overline{n}|}^{(m)}=100\cdot 12\cdot\ddot{a}_{\overline{3}|}^{(12)}=3{,}425.32(\text{元})$$

而1973年6月1日與1975年6月1日相差2年，所以在1973年6月1日的價值爲

$$3{,}425.32\cdot(1+i)^{-2}=3{,}425.32\cdot(1.035)^{-2}$$
$$=3{,}197.57(\text{元})$$

（解2）

在1975年5月1日年金現值爲

$$R\cdot m\cdot a_{\overline{n}|}^{(m)}=100\cdot 12\cdot a_{\overline{3}|}^{(12)}=3{,}415.52(\text{元})$$

而1973年6月1日比1975年5月1日早1年又11個月即$1\frac{11}{12}$年，故在1973年6月1日價值爲

$$3{,}415.52\cdot(1+i)^{-1\frac{11}{12}}=3{,}415.52\cdot(1.035)^{-1\frac{11}{12}}$$
$$=3{,}197.57(\text{元})$$

（解3）

從1973年6月1日至1975年5月1日每月補上100元，共補上24個月，則在1973年6月1日之假設年金價值爲

$$R\cdot m\cdot \ddot{a}_{\overline{n+2}|}^{(m)}=100\cdot 12\cdot \ddot{a}_{\overline{5}|}^{(12)}=5{,}520.30(\text{元})$$

扣除補上部分在1973年6月1日之價值爲

$$R\cdot m\cdot \ddot{a}_{\overline{2}|}^{(m)}=100\cdot 12\cdot \ddot{a}_{\overline{2}|}^{(12)}=2{,}322.63(\text{元})$$

可得　5,520.30－2,322.63＝3,197.67(元)

§4.3　一般年金的基本問題

在第3章時，曾討論若支付次數（或計息次數）未知的狀況，所求得的n值未必爲整數，故需考慮零星年

金是在最後一次正常支付時付出，還是延後一期支付。這種情形在此章仍會產生。

若計息次數多於支付年金次數時，如同§3.3方式從(4.1)或(4.2)式求出n值如(4.13)與(4.14)，在此R爲每期支付的年金額。此n值爲計息次數之值，再將其除以計息一次的年金支付次數k即可轉換成支付年金的次數

$$n=\ln\left(1-\frac{i\cdot A}{R}\cdot s_{\overline{k}|i}\right)/\ln\nu \tag{4.13}$$

(A爲年金現值)

或

$$n=\ln\left(1+\frac{i\cdot S}{R}\cdot s_{\overline{k}|i}\right)/\ln(1+i) \tag{4.14}$$

(S爲年金終值)

若年金次數爲非整數時，再考慮零星年金的部分是在最後一次正常支付年金時支付或再延後一期。

當計息次數少於支付年金次數時，同§3.3可從(4.7)或(4.8)求出n值如(4.15)及(4.16)，在此R爲每期支付的年金額。此時所得n值爲計息次數之值，需將之乘以計息一次時年金支付的次數m，才可獲得支付年金的次數

$$n=\ln\left(1-\frac{A}{R\cdot m}\cdot i^{(m)}\right)/\ln\nu \tag{4.15}$$

(A爲年金現值)

或

$$n=\ln\left(1+\frac{S}{R\cdot m}i^{(m)}\right)/\ln(1+i) \qquad (4.16)$$

（S爲年金終值）

此時n值因乘以m會使支付年金的次數可能產生多一次或少一次的誤差，所以應儘可能的計算出準確的數值才不致於產生誤差。若支付年金次數爲非整數時，再考慮零星年金是在何時支付。(4.13)～(4.16)所考慮的年金皆是在期末支付，若爲期初支付則需加以修正。

例1　現投資5,000元，期望每半年底提出500元，要領儘可能的久。零星年金部分於最後一次領500元時同時領出，若每三個月計息一次，年利率14%，求支領年金的次數爲何？及在最後一次領多少元？

解：依題意每半年領500元，計息二次，所以$k=2$，$R=500$，已知年金現值$A=5,000$，$i=\frac{14\%}{4}=3.5\%$　從(4.13)式可得

$$n=\ln\left(1-\frac{i\cdot A}{R}s_{\overline{k}|i}\right)/\ln\nu$$

$$=\ln\left(1-\frac{(0.035)5,000}{500}s_{\overline{2}|0.035}\right)/\ln(1/1+0.035)$$

$$=36.21\text{（次）}$$

故計息次數有36.21次，則正常年金支付次數有18次。設零星年金爲P元且在第18次支付年金時支付則可得

$$P(1.035)^{-36}+500\frac{a_{\overline{36}|3.5\%}}{s_{\overline{2}|3.5\%}}=5,000$$

$$\Rightarrow P=5,000(1.035)^{36}-500\frac{s_{\overline{36}|3.5\%}}{s_{\overline{2}|3.5\%}}$$

$$=50.45\ (元)$$

所以最後一次支付的年金額爲$500+50.45=550.45$（元）

例2 投資2,000元，希望每月底能領20元，零星年金部份則在最後一次正常年金支付後一個月支領，若年利率爲3%，求年金支付次數及零星年金部分？

解：依題意：每年計息一次且支付年金12次，每次20元，故

$m=12\quad R=20\quad A=2,000\quad i=3\%$

從(4.15)式可得

$$n=\ln\left(1-\frac{A}{R\cdot m}\cdot i^{(m)}\right)/\ln\nu$$

$$=\ln\left(1-\frac{2,000}{20\times 12}\cdot i^{(12)}\right)\Big/\ln\left(\frac{1}{1+0.03}\right)$$

$$=9.580722$$

所以計息次數爲9.580722次，而年金支付次數爲$9.580722\times 12=114.9687$。所以支付20元共計114次，而零星年金部分$P$元在第115次支付。

$$2,000=20\times 12\cdot a_{\overline{\frac{114}{12}}|3\%}^{(12)}+P\cdot\nu^{\frac{115}{12}}$$

$$=240\cdot 8.27252+P(0.7533)$$

$$\Rightarrow P=19.375\ (元)$$

若i未知時，用§3.3方式求出支付年金期間的利率(即假設支

付期間與計息期間相等)，再將此利率轉換成計息期間的利率，如同在§2.5中的實、虛利率的轉換一樣。

例3　若每季底支付50元，5年後累積成1,250元每年計息一次，則年利率爲何?

解：依題意　設j爲每季的利率，則可得

$$50s_{\overline{20}|j}=1{,}250$$

$$\Rightarrow s_{\overline{20}|j}=25$$

由附錄所列的表可得

$$s_{\overline{20}|2.25\%}=24.9115$$

$$s_{\overline{20}|2.5\%}=25.5447$$

則　$j=0.0225+0.0025\cdot\dfrac{25-24.9115}{25.5447-24.9115}$

$=0.0228$

此j爲每季利率，對等於每年的利率i的關係爲

$$i=(1+j)^4-1 \qquad j\text{即爲}\frac{i^{(4)}}{4}$$

$$=(1+0.0228)^4-1=0.0944=9.44\%$$

§4.4　一般變額年金

首先考慮的是年金計息次數少於支付年金次數的情況。設符號k, n, i同§4.1的定義，P爲第一期末所支付的年金額，而Q爲以後每期逐次增加的額度，此情況可以圖4.5表示之：

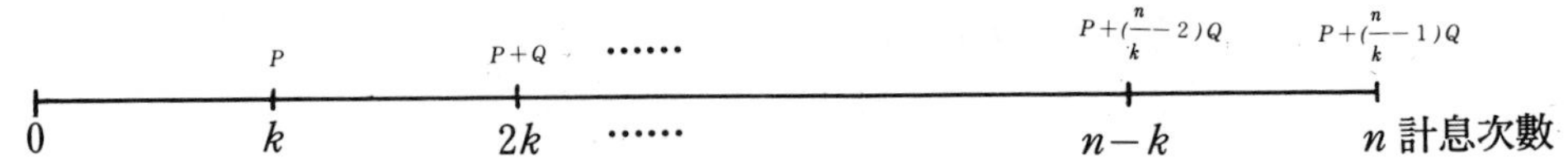

圖 4.5

則此等差變額年金的現值($\nu=\frac{1}{1+i}$)

$$A=P\nu^{k}+(P+Q)\nu^{2k}+\cdots+\left[P+\left(\frac{n}{k}-2\right)Q\right]\nu^{n-k}+\left[P+\left(\frac{n}{k}-1\right)Q\right]\nu^{n} \tag{4.17}$$

且 $$(1+i)^{k}A=P+(P+Q)\nu^{k}+\cdots+\left[P+\left(\frac{n}{k}-2\right)Q\right]\nu^{n-2k}+\left[P+\left(\frac{n}{k}-1\right)Q\right]\nu^{n-k} \tag{4.18}$$

用(4.18)減去(4.17)得

$$A[(1+i)^{k}-1]=P-P\cdot\nu^{n}+Q(\nu^{k}+\cdots+\nu^{n-k})-Q\left(\frac{n}{k}-1\right)\nu^{n}$$

$$=P(1-\nu^{n})+Q(\nu^{k}+\nu^{2k}+\cdots+\nu^{n})-Q\cdot\frac{n}{k}\cdot\nu^{n}$$

$$\Rightarrow A=\frac{P(1-\nu^{n})+Q\cdot\frac{a_{\overline{n}|i}}{s_{\overline{k}|i}}-Q\cdot\frac{n}{k}\cdot\nu^{n}}{(1+i)^{k}-1}$$ 同除i

$$=P\cdot\frac{a_{\overline{n}|i}}{s_{\overline{k}|i}}+Q\cdot\frac{\frac{a_{\overline{n}|i}}{s_{\overline{k}|i}}-\frac{n}{k}\cdot\nu^{n}}{i\cdot s_{\overline{k}|i}} \tag{4.19}$$

同理，年金終值爲

$$S=A(1+i)^n$$

$$=P\cdot\frac{s_{\overline{n}|i}}{s_{\overline{k}|i}}+Q\cdot\frac{\frac{s_{\overline{n}|i}}{s_{\overline{k}|i}}-\frac{n}{k}}{i\cdot s_{\overline{k}|i}} \tag{4.20}$$

若年金計息次數多於支付年金次數時的等差變額年金的現值及終值爲何？其討論如下。設符號m, n, i如同§4.2的定義。P爲第一次計息期間所支付的總年金額，即在第一次計息期間內每回支付的年金額爲$\frac{P}{m}$共計m次，Q爲每計息期間逐次增加的額度，即在同一計息期間，年金額是固定的，而下一個計息期間年金支付額較前一個計息期間的年金額多$\frac{Q}{m}$元。

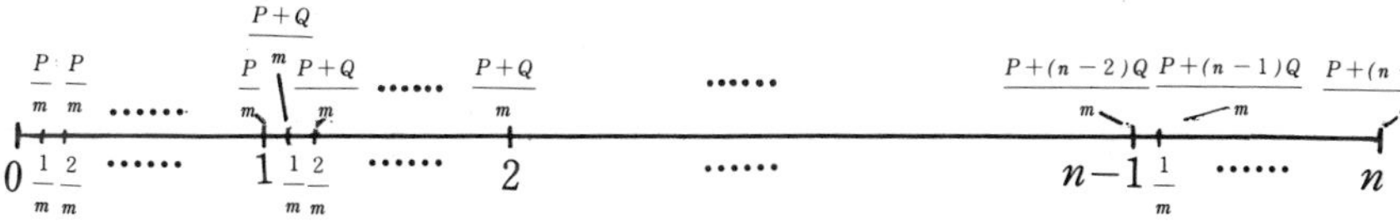

圖　4.6

則此年金現值類似§3.5及§4.2的推導可得

$$A=P\cdot a_{\overline{n}|i}^{(m)}+Q\cdot\frac{a_{\overline{n}|i}-n\cdot v^n}{i^{(m)}} \tag{4.21}$$

且年金終值爲

$$S=P\cdot s_{\overline{n}|i}^{(m)}+Q\cdot\frac{s_{\overline{n}|i}-n}{i^{(m)}} \tag{4.22}$$

若$P=Q=1$時上二式可將其簡化成

$$A=a_{\overline{n}|i}{}^{(m)}+\frac{a_{\overline{n}|i}-n\cdot v^n}{i^{(m)}}$$

$$=\frac{1-v^n+a_{\overline{n}|i}-n\cdot v^n}{i^{(m)}}$$

$$=\frac{\ddot{a}_{\overline{n}|i}-n\cdot v^n}{i^{(m)}}$$

且

$$S=\frac{\ddot{s}_{\overline{n}|i}-n}{i^{(m)}}$$

其他變額年金的情況可依題意將表示式一一列出，再用代數儘量將其簡化即可。

例1　每隔五年付一筆錢，第一次付1元，以後逐次增加1元，永遠支付，每年計息一次；求此現值?

解：依題意，可將此年金支付以下圖表示之：

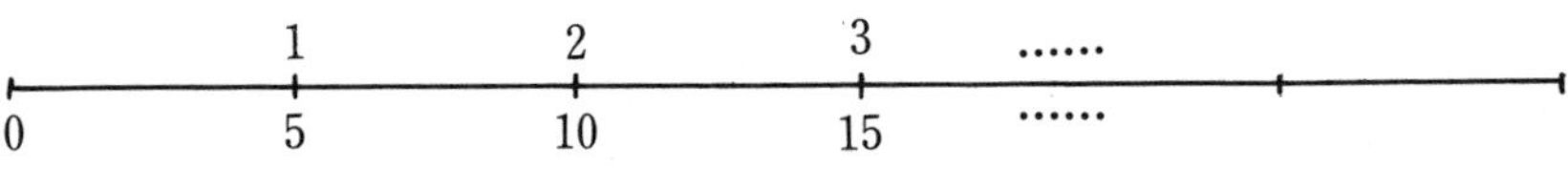

（解1）

現值爲

$$A=v^5+2v^{10}+3v^{15}+\cdots$$

且$\nu^5 A=\nu^{10}+2\nu^{15}+\cdots$

上式減下式得

$$(1-\nu^5)A=\nu^5+\nu^{10}+\nu^{15}+\cdots$$

$$=\frac{\nu^5}{1-\nu^5}$$

故$A=\dfrac{\nu^5}{(1-\nu^5)^2}$

（解2）

可由(4.19)獲得，在此$P=Q=1\quad k=5\quad n=\infty$

則$a_{\overline{\infty}|i}=\dfrac{1}{i}\quad$且$\lim\limits_{n\to\infty} n\cdot\nu^n=0$

所以　$$A=\frac{\frac{1}{i}}{s_{\overline{5}|i}}+\frac{\frac{\left(\frac{1}{i}\right)}{s_{\overline{5}|i}}}{i\cdot s_{\overline{5}|i}}$$

$$=\frac{1}{(1+i)^5-1}+\frac{1}{((1+i)^5-1)^2}$$

$$=\frac{(1+i)^5}{((1+i)^5-1)^2}$$

$$=\frac{\nu^5}{(1-\nu^5)^2}$$

習　題

§4.1 年金支付次數少於計息次數的情況

1. 年金額2,000元，年利率8%，年金時期6年，求年金終值與年金現值?
   (a)每年複利二次，支付年金一次。
   (b)每年複利六次，支付年金二次。
2. 某人擬自今年初起存入銀行若干元，以期今後四年中每半年底向銀行提2,000元，已知存款利率12%，每年複利六次，試問本年初應存款若干元?
3. 每季末支付年金額500元，年利率8%，每月複利一次，年金時期4年，試求年金終值與年金現值?
4. 每半年初付600元，共付10年，每月計息一次，年利率爲6%，求年金現值爲何?
5. 某人於每年初存R元，共存10年，從第10年年底起，每半年取100元，共取40次。設每年計息二次，求R爲多少? 若年利率爲7%。
6. 若年利率爲12%，每月計息一次，每四個月付200元，共付12年，求在第一次支付年金時前三年的價値及在最後一次支付年金後二年的價値各爲何?
7. 每年底支付500元的永續年金，若依年利率5%，每年複利四次，其年金現值爲何?

8.有一永續年金，每年初付1元，其現值爲20元，用此年金去換另一永續年金，此年金每二年初付R元，求R爲何？設此二年金現值相等，每半年計息一次，利率爲4%。

§4.2 年金支付次數多於計息次數的情況

9.每年年金額500元，年利率5%，年金時期五年，試求年金現值與年金終值?

(a)每年計息一次，付年金二次。

(b)每年計息二次，付年金六次。

10.每月末支付年金100元，年金終值6,085.26元，年金現值爲3,817.97元，已知銀行存款每年複利二次，試求年利率?

11.永續年金一筆每月初付200元，依年利率9%，每年複利二次，求年金現值?

12.每月末付200元，年金時期四年，延期二年，若年利率8%，每年複利二次，求年金終值與年金現值?

13.每月末支付年金300元，年金時期八年，年利率5%，每年複利二次，求年金現值與終值?

14.若年利率爲4%，每季付20元，第一次付是民國75年4月15日，最後一次在民國80年4月15日，求在民國73年4月15日的現值?

15.每季底存50元，共存10年，若前5年每年計息一次，利率4.5%，後5年每半年計息一次，利率4.5%，求10年後共賺多少利息?

§4.3 一般年金的基本問題

16.每月支付年金200.6元，每年複利四次，已知年金現值6,000元，年金終値8,304.6元，試求年利率與年金時期?

17.借款20,000元，年利率10%，每年複利4次，自借入後第3年後起每月末償還一定款項，已知10年償淸，求每月還多少?

18.每年末支付年金800元，年利率8%，一年複利二次，已知年金現値5,000元，求年金時期?

19.李先生有一基金50,000元，其存款利率4%，每年計息一次，問如每半年底領1,000元共可領多久？假設零星年金也在最後一次同時領取，並求出此値?

20.用1,000去買一延期、期初、永續年金，其年金額是50元，半年支付一次，年利率爲i，求延期期數爲何?

21.若每二年初存5,000元，共存10年（只存5次)，其在第10年底的累積値爲30,000元，求年利率?

§4.4 一般變額年金

22.試證(4.21)與(4.22)二式。

23.若現付500元，以後每隔半年多付100元共付12次，求此年金之現値與終値各爲何?（年利率爲3%）

24.有一10年年金其年金額爲1，2^2，3^2……10^2，如年利率爲8%，每半年計息一次，則此年金現値與終値爲何?

25.某一年金支付情形如下：在第三及第四年付100元，第五及第六年付200元，第七及第八年付300元，以此類推，求年金現値?假設每年計息一次，且利率爲5%。若

(a)共付20次年金

(b)付無限多次年金

26.有一五年年金其付款方式是每年1月1日付5元，4月1日付10元，

7月1日付15元，10月1日付20元，求此年金在第一次付款現值爲何？及在最後一次付款時年金終值爲何？設年利率爲5%且每年計息一次。

第五章　分期攤還與償債基金

§5.1　簡介

前面幾個章節裡，利息的計算、年金的討論，這些內容可用在債款的償還；或是列入廠房、機器及各種設備等資產在折舊上的考量；或各種債券如公司債、公債等投資利益的計算。而下二章討論的生命年金及人壽保險基金也會應用利息及年金討論的結果。本書在此只討論債款的償還這一部分，其餘如折舊、債券利益、債券損失等並沒有多加解釋，但其計算原則都和債款償還雷同。

工商業界對於不易一次償還的債款有二種方式清償，一是債務人於一定時日後將所借之款項連同利息一併還清。另一是分期支付部分債務，直至償還清楚爲止。前面那個方式對工商界者而言壓力是大了點，一次償還全部的巨額債務是比較困難的。而分期償還，因每期所分擔的部分不多，負擔就不會那麼重。因債務人分期給付對象之不同，又可分爲分期攤還法(Method of Amortizaton)與償債基金法(Method of Sinking Fund)二種。分期攤還法是債務人將所借的債款依預定的期間與期數分期攤還給債權人，每期應償債額稱爲年賦金額，又因每期年賦金額的變化情況將他們分爲（I）本金均等分償法，即將債款之本金按期平均分別清償，而利息部份則另外考慮，(II)定額年金分償法，就是每期償還金額成一定額年金，至約定期限後將債務的本金以及利息全部償清，(III)變額年金分償法，每期償還總額成一變額年金，就是每期還的錢多少不一啦！而償債基金法則是債務人除按期付債款利息外，每期提撥一筆金額另設基金生利息，以期於債務到期時基金的累積總額與債款本金相等而償還債款。這個方法對債權人來說每定期就可獲償還一定金額，較易處理這債權的帳目，而對債務人來說也不必借款期限一到便需籌措大筆資金以清償債款。在此將上述提及的方法詳細的分別描述於以下各節。

§5.2 分期攤還法

一、本金均等分償法：

將債款之本金平均分償。設債款爲1元，償還時期爲n，每期利率爲i，則每期應還$\frac{1}{n}$元，而其付息方式有下列幾種：

(A)最後一期付息：即最後一次償還本金時一次清償所有的利息。因每次償還$\frac{1}{n}$元是爲一定額年金其在第n期之年金終值爲

$\frac{1}{n}\cdot s_{\overline{n}|i}$。而1元在第$n$期的複利終值爲$(1+i)^n$。所以最後一期應付利息是兩者間的差額

$$I=(1+i)^n-\frac{1}{n}s_{\overline{n}|i} \tag{5.1}$$

(B)逐期清償所有積欠利息：在每期償債時將所欠債款的利息一併償還。因每期償還本金$\frac{1}{n}$元，所以在第r期初尙欠債款本金$(n-r+1)/n$, $r=1, 2, \cdots\cdots n$，則在第r期應付利息$i(n-r+1)/n$元，所以在第r期末應付

$$R_r=\frac{1}{n}+\frac{i(n-r+1)}{n}=\frac{1}{n}[1+(n-r+1)i] \quad r=1, 2 \cdots n \tag{5.2}$$

可知$\{R_r\}$成一等差級數是爲變額年金分償法的一個特例。

(C)逐期清償該期債款之利息：於每期還本金時將該期所償本金之利息一併清償。因每期還本金$\frac{1}{n}$元在第r期其本利和即爲第r期應償還之金額

$$R_r=\frac{1}{n}(1+i)^r \quad r=1, 2, \cdots n \tag{5.3}$$

可知此$\{R_r\}$爲一等比級數，亦是變額年金分償法的一特例。若所欠債款是P時，那麼在適當的地方乘以P即可適用。

例1　某公司負債30,000元，約定本金在10年內每年平均償還，年利率5%，每年計息一次，問該公司在第10年應付多少？分

別以上面三種方法計算。

解：依題意　$P=30,000$　$n=10$　$i=5\%$　每期償還本金

$\frac{30,000}{10}=3,000$（元）

(A)在第10年末一次付息，依(5.1)式，則

$$I=P(1+i)^n-\frac{P}{n}s_{\overline{n}|i}$$

$$=30,000(1+5\%)^{10}-\frac{30,000}{10}s_{\overline{10}|5\%}$$

$$=48,866.7-37,733.7=11,133\text{（元）}$$

故第10年末共付3,000＋11,133＝14,133（元）

(B)逐期清償所積欠利息，依(5.2)則第10年末所付本利和爲

$$R_r=\frac{P}{n}[1+(n-r+1)i]$$

$$=\frac{30,000}{10}[1+(10-10+1)5\%]$$

$$=3,000\times(1.05)$$

$$=3,150\text{（元）}$$

(C)逐期償還該期債款之利息，依(5.3)式

$$R_r=\frac{P}{n}(1+i)^r$$

$$=\frac{30,000}{10}(1+0.05)^{10}$$

$$=4,886.7\text{（元）}$$

以上三法中(A)法將全部利息延到最後一期支付，以致於最後一期支付款較其他各期高出許多，不符合分期攤還之原意，所以在實務上較少使用此法。(B)法中各期償還額逐年遞減即負擔逐年

減輕。(C)法中則負擔逐期略爲加重。

二、定額年金分償法：

債務人每期償還金額（即年賦金額）成一定額年金，到跟債權人約定期限後能將債務本息完全還清之方法。如果所欠金額爲A元，償還時期爲n，每期利率i，R爲每期償還金額，那麼

$$R\cdot a_{\overline{n}|i}=A$$

$$\Rightarrow R=\frac{A}{a_{\overline{n}|i}} \tag{5.4}$$

例2　某公司負債100,000元，每年實利率8%，計息二次，約定於5年內清償，每半年定額償還，試求年賦金額。

解：依題意　$A=100,000$　$n=5\times2=10$　$i=\frac{8\%}{2}=4\%$

$R=?$

$$R=\frac{A}{a_{\overline{n}|i}}=\frac{100,000}{a_{\overline{10}|4\%}}=12,329.09\text{（元）}$$

顯然地，每期所償付定額年賦金額中含有債款的本金以及利息部分。現討論每期償還額R中的本金與利息各爲多少的問題。設U_m爲第m期末未償還債款餘額，且I_m爲第m期所支付的利息，P_m爲第m期償還債款本金的部分（即$R=I_m+P_m$）。對U_m來說，因還有$(n-m)$期年賦金額尚未付，故第m期末的負債餘額與未付的$(n-m)$期年賦金額之現值相等，即

$$U_m=R\cdot a_{\overline{n-m}|i} \tag{5.5}$$

而

$$I_m = i \cdot U_{m-1} = i \cdot R \cdot a_{\overline{n-m+1}|i} \tag{5.6}$$

$$= i \cdot R \cdot \frac{1-\nu^{n-m+1}}{i}, \quad \nu = \frac{1}{1+i}$$

$$= R(1-\nu^{n-m+1})$$

所以

$$P_m = R - I_m$$

$$= R - R(1-\nu^{n-m+1})$$

$$= R \cdot \nu^{n-m+1} \tag{5.7}$$

或

$$P_m = U_{m-1} - U_m$$

$$= R \cdot a_{\overline{n-m+1}|i} - R \cdot a_{\overline{n-m}|i}$$

$$= R \cdot \nu^{n-m+1}$$

可依此計算出年賦償還表，這個表包括每期年賦金額，償還利息部分與償還本金部分及每期末負債本金額。如表5.1。

表5.1　年賦償還表

期別	年賦金額	償息部分	償本部分	負債額
0				A
1	$R = A/a_{\overline{n}|i}$	$R(1-\nu^n)$	$R \cdot \nu^n$	$R \cdot a_{\overline{n-1}|i}$
2	R	$R(1-\nu^{n-1})$	$R \cdot \nu^{n-1}$	$R \cdot a_{\overline{n-2}|i}$
⋮	⋮	⋮	⋮	⋮
$n-1$	R	$R(1-\nu^2)$	$R \cdot v^2$	$R \cdot a_{\overline{1}|i}$
n	R	$R(1-\nu)$	$R \cdot v$	0

例3　某人負債5,000元，年利率3%，約定五年內均等分償，試列出此年賦償還表。

解：依題意　$A=5{,}000$　$i=3\%$　$n=5$　$R=?$

則每期償還　$R=\dfrac{A}{a_{\overline{n}|i}}=\dfrac{5{,}000}{a_{\overline{5}|3\%}}=1{,}091.77$（元）

由(5.5)，(5.6)，(5.7)式可求出各期R元所償還本金部分及利息部分。將之列成下表：

期別	年賦金額	償息部分	償本部分	負債額
0				5,000
1	1,091.77	150.00	941.77	4,058.23
2	1,091.77	121.74	970.03	3,088.20
3	1,091.77	92.64	999.13	2,089.07
4	1,091.77	62.67	1,029.10	1,059.97
5	1,091.77	31.80	1,059.97	0

我們也可以用償還時期與計息時期不同的角度來思考，更可以用年賦金額不立即償還即延期還債…等狀況來思考。這個情形可依照第四章的方式分別加以討論分析，在此就不再作進一步探討。

三、變額年金分償法：

每期償付債款本息之額度成一變額年金之淸償法。通常這種方法可分成二類：每期年賦金額成等差關係或成等比關係。分別討論如下：

(A)等差變額年金分償法：設第一期年賦金額爲P，第二期爲$P+Q$，第三期爲$P+2Q$……第n期爲$P+(n-1)Q$，則可完全淸償債款A的本息，每期利率爲i。即此變額年金現值與債額A相等，所以由(3.14)式可得

$$A=P\cdot a_{\overline{n}|i}+Q\cdot\frac{a_{\overline{n}|i}-n\cdot v^{n}}{i} \tag{5.8}$$

例4 某公司負債100,000元, 年利率6%, 約定每年底按等差變額年金攤還, 年賦金額逐年增加5,000元, 五年清償。試求第一年底應付之年賦金額?

解: 依題意 $A=100,000$ $i=6\%$ $n=5$ $Q=5,000$ $P=?$

依(5.8)式得

$$100,000=P\cdot a_{\overline{5}|6\%}+5,000\cdot\frac{a_{\overline{5}|6\%}-5\left(\frac{1}{1.06}\right)^5}{6\%}$$

計算解得 $P=14,321.5$ (元)

(B)等比變額年金分償法: 設第一期年賦金額爲P, 第二期爲$P(1+r)$, 第三期爲$P(1+r)^2$……至第n期爲$P(1+r)^{n-1}$, 則可完全清償負債款A的本息和, 並設每期計息利率爲i。同上述等差變額年金, 等比年金現值與期初所欠債款A相等。若$i\neq r$由(3.18)式及$k=1+r$可得

$$A=P\cdot\frac{1-\left(\frac{1+r}{1+i}\right)^n}{i-r} \tag{5.9}$$

若$i=r$, 由(3.20)式, 可得

$$A=n\cdot P\cdot v \tag{5.10}$$

例5 某公司年初負債200,000元, 年利率6%, 希望於10年內以變額年金方式將全部債務償清, 試求第一期年賦金額, 若

(i)每期年賦金額均較前期增加6%

(ii)每期年賦金額均較前期減少6%

解：依題意　$A=200,000$　$i=6\%$　$n=10$　$P=?$

(i)$r=6\%$　則$r=i$　依(5.10)式可得

$$A=n\cdot P\cdot v$$

$$200,000=10P\cdot\frac{1}{1+6\%}$$

$$P=20,000\times(1.06)=21,200\ (\text{元})$$

(ii)$r=-6\%$　則$r\neq i$ 依(5.9)式可得

$$A=P\cdot\frac{1-\left(\frac{1+r}{1+i}\right)^{n}}{i-r}$$

$$200,000=P\cdot\frac{1-\left(\frac{1-6\%}{1+6\%}\right)^{10}}{6\%-(-6\%)}$$

$$P=(200,000\times 12\%)/\left[1-\left(\frac{0.94}{1.06}\right)^{10}\right]$$

$$=34,323\ (\text{元})$$

§5.3　償債基金法

債務人於償債期間，每期支付債款利息給債權人，並每期提撥一筆金額作爲基金，以期此基金至債務到期時，其累積額恰與債款本金相等。以償還給債權人每期提撥金額可能形成定額或是等差變額或爲等比變額年金。因變額年金的情形與上節之討論極爲相似，故不再重述，在此只討論定額的情形。

設負債金額爲A，借貸期間爲n，每期提撥基金爲R，且此基金利率爲i。因累積n期後基金恰足以償還負債額，故

$$R\cdot s_{\overline{n}|i}=A$$

則

$$R=\frac{A}{s_{\overline{n}|i}}$$

債務人除每期需提撥R元外，仍需付債款之利息給債權人，若與債權人約定的利率爲i'，每期所需付利息$I=A\cdot i'$。由此可知債務人每期需準備T元，則

$$\begin{aligned}T&=I+R\\&=A\cdot i'+\frac{A}{s_{\overline{n}|i}}\\&=A\left(i'+\frac{1}{s_{\overline{n}|i}}\right)\end{aligned}$$

一般而言，債務利率i'之決定主要操之於債權人，而償債基金之利率i則主要決定於債務人之選擇。而此二利率在一般狀況下是不相等的。若$i=i'$

$$則A\left(i'+\frac{1}{s_{\overline{n}|i}}\right)=A\left(i'+\frac{1}{s_{\overline{n}|i}}\right)$$

$$=A\cdot\frac{1}{a_{\overline{n}|i'}}$$

即分期攤還法的每期年賦金額與償債基金法的每期負擔額相同，

若$i<i'$則$s_{\overline{n}|i}<s_{\overline{n}|i'}$

那麼$T=A\left(i'+\frac{1}{s_{\overline{n}|i}}\right)>A\left(i'+\frac{1}{s_{\overline{n}|i'}}\right)=\frac{A}{a_{\overline{n}|i'}}$

即償債基金法的T大於分期攤還法的年賦金額，同理若$i>i'$則T小於年賦金額。由上之討論可知分期攤還法或償債基金法，對債務人之負擔並無太大差異，所不同僅在於償債基金法較分期攤還法多一位資金接受者，也就是基金之接收者。

例1　某人負債10萬元，年利率16%，每半年付息，並提撥等額基金一次，期限五年。試求此人每半年共應支付多少錢?

(i)基金投資獲益率爲16%，每半年複利計息一次

(ii)基金投資獲益率爲14%，每半年複利計息一次

(iii)基金投資獲益率爲18%，每半年複利計息一次

解：依題意　$A=100{,}000$元　$i'=\frac{16\%}{2}=8\%$　$n=5\times2=10$

(i)　$i=\frac{16\%}{2}=8\%=i'$　則

$$T=A\left(i'+\frac{1}{s_{\overline{n}|i'}}\right)=\frac{A}{a_{\overline{n}|i'}}=100{,}000\left(\frac{1}{a_{\overline{10}|8\%}}\right)$$

$=14{,}902.9$（元）

(ii)　$i=\frac{14\%}{2}=7\%\neq i'$　則

$$T=A\left(i'+\frac{1}{s_{\overline{n}|i}}=100{,}000\left(0.08+\frac{1}{s_{\overline{10}|7\%}}\right)\right.$$

$=15{,}237.8$(元)

(iii)　$i=\frac{18\%}{2}=9\%\neq i'$　則

$$T=A\left(i'+\frac{1}{s_{\overline{n}|i}}\right)=100,000\left(0.08+\frac{1}{s_{\overline{10}|9\%}}\right)$$

$$=14,740.08(\text{元})$$

爲使讀者更瞭解各期償債基金，利息收付狀況與債額關係，特將其列成償債基金表。

表5.2償債基金表

期間	所付利息	每期基金額	基金利息	累積基金額	淨債額
0					A
1	$A\cdot i'$	$A/s_{\overline{n}\|i}$	0	$A\cdot\frac{s_{\overline{1}\|i}}{s_{\overline{n}\|i}}$	$A\left(1-\frac{s_{\overline{1}\|i}}{s_{\overline{n}\|i}}\right)$
2	$A\cdot i'$	$A/s_{\overline{n}\|i}$	$A\cdot\frac{i\cdot s_{\overline{1}\|i}}{s_{\overline{n}\|i}}$	$A\cdot\frac{s_{\overline{2}\|i}}{s_{\overline{n}\|i}}$	$A\left(1-\frac{s_{\overline{2}\|i}}{s_{\overline{n}\|i}}\right)$
3	$A\cdot i'$	$A/s_{\overline{n}\|i}$	$A\cdot\frac{i\cdot s_{\overline{2}\|i}}{s_{\overline{n}\|i}}$	$A\cdot\frac{s_{\overline{3}\|i}}{s_{\overline{n}\|i}}$	$A\left(1-\frac{s_{\overline{3}\|i}}{s_{\overline{n}\|i}}\right)$
⋮	⋮	⋮	⋮	⋮	⋮
⋮	⋮	⋮	⋮	⋮	⋮
n	$A\cdot i'$	$A/s_{\overline{n}\|i}$	$A\cdot\frac{i\cdot s_{\overline{n-1}\|i}}{s_{\overline{n}\|i}}$	$A\cdot\frac{s_{\overline{n}\|i}}{s_{\overline{n}\|i}}=A$	$A\left(1-\frac{s_{\overline{n}\|i}}{s_{\overline{n}\|i}}\right)=0$

表5.2中所付利息及每期基金額由上述之討論就可獲知，而其他三行之值現分述如下：第k期末累積基金額因每期基金額爲$A/s_{\overline{n}|i}$，至第k期則累積爲$A s_{\overline{k}|i}/s_{\overline{n}|i}$。而第$k$期基金利息則將第$(k-1)$期末基金累積額乘以$i$即是。而淨債額也就很快可以求出就是將期初債額減去累積基金額。

例2 李先生欠王先生10,000元，預定二年內用償債基金法清償，約定年利率爲9%，每年計息二次，並償息二次而基金利率爲8%，且每年計息二次且提撥基金二次，試列出償債基金表。

解：依題意　$A=10{,}000$　$i'=9\%/2=4.5\%$　$i=\frac{8\%}{2}=4\%$

$n=2\times2=4$　則每期付給債務人利息爲$A\cdot i'=10{,}000\times 4.5\%=450$（元）

每期基金額爲$A/s_{\overline{n}|i}=10{,}000/s_{\overline{4}|4\%}=2{,}354.9$（元）

期間	所付利息	每期金額	基金利息	累積基金額	淨債額
0					10,000
1	450	2,354.9	0	2,354.9	7,645.1
2	450	2,354.9	94.20	4,804.0	5,196.0
3	450	2,354.9	192.16	7,351.06	2,648.94
4	450	2,354.9	294.04	10,000	0

比較表5.1與表5.2，當$i=i'$時可得下列幾點結果：

(1)償債基金法的每期負擔額，即爲所付利息與每期基金額，爲分期攤還法的年賦金額。

(2)償債基金法淨利息的支付，即爲所付利息減去基金利息，是分期攤還法中年賦金額的利息部分。

(3)償債基金法的累積基金的每期增加額，就是每期基金額加上基金利息，是分期攤還法中年賦金額償還本金部分。

(4)償債基金法的淨債額等於分期攤還法中的期末負債額。

以上所提的，讀者可自行驗證之。

如果債務人基金支付期間，基金計息期間，或與債權人約定的利息支付期限或計息期間有所不同時，可依第四章討論方式分析，在此不再加以討論。

習　題

§5.1　簡介

§5.2　分期攤還法

1.某人負債二十萬元，言明本金分六年平均攤還，全部利息於第六年末一併還清，實利率爲4.5%，試問此人於第六年底應償還本息總額多少?

2.續上題，若約定利息於每年底逐期償還，則此人於第六年底應償付之總額爲多少?

3.某公司負債額五十萬元，年利率8%，每年複利二次，約定於三年間內等差變額年金分償法償還，每半年年賦金額遞增＄8,000元，試求第一個半年年賦金額並編製年賦償還表。

4.前題若年賦金額每半年遞減5,000元，求第一個半年的年賦金額爲若干?

5,某公司負債十萬元，每年利率5%，約定五年間每年底以等比變額年金償還債務，若
(i)償付額每年遞增5%，或
(ii)償付額每年遞增6%，
試分別求第一年之年賦金額?

6.某債款若按首期分償1元，第2期2元，……至第20期20元，可

以完全清償，若每期利率爲i，試求第10期所支付之償本部份?

7.某人負債一佰萬元，約定20年內按定額年金攤還，若年利率爲7%，求每年年賦金額?

8.某工廠本年初購買一套機器，價值一佰五十萬元，約定先付定金八十萬元，其餘的於一年內每月以定額年金分償法於月底清償，若月利率爲2%，每月複利計息一次。若該工廠至第六月底，欲將所欠餘額全部付淸，試問其所應付款項爲多少?

9.某項貸款500,000元，分20期攤還，前10期每期期末償還 R 元，而後5期每期期末償還(R+1,000)元，最後5期每期期末償還(R+1,500)元。若每期利率爲3%，試問第12期、18期所償還金額中，償本部份各爲多少元?

10.負債30萬元，約於十年內按月以定額年金分償法攤還，若借款利率爲6%，每年複利二次，試求每月償付額及第六年底之負債餘額?

11.有一貸款以20年年金分期償還，若第三年的年賦金額的償本部份爲100元，求第15年的年賦金額的償本部份爲多少?若年利率爲2.5%。

12.用10年分期付款付一貸款，若第六年的年賦金額的償本部份與利息部份各爲10.13元與2.02元，求此貸款的利率爲何?

13.貸款1,000元，每季攤還一定額預定於四年內淸償，貸款利率爲6%，每年計息四次，求在第二年底的負債額爲多少?

14.某貸款每年分期償還100元，利率爲4.5%，若至第三年底其負債額尙有1,200元，求期初負債額爲多少?

15.一貸款預定用15年來分償，前五年每年底還400元，第二個五年每年底還300元，最後五年每年底還200元，求在第七年底的負債額爲多少?

§5.3 償債基金法

16. 某公司負債拾伍萬元，約於八年後一次償還，借款利率爲5%，該公司以償債基金法每年提撥相等款項一筆，投資於某事業，年利率爲3%，問每年應提存基金額若干？又每年總負擔金額爲若干？並編製償債基金表。

17. 某君負債20萬元，需於十年內償付，而有二種償債方式供其選擇：

    (A)如每半年以定額年金分償法償還，則借款利率爲7%，每年複利計息二次。

    (B)如運用償債基金法則每年僅需按年利率6%計息，但基金投資獲利能力至多可達4%，兩者均爲每年複利計息二次。

    問某君應採何種方式清償債務較爲有利?

18. 某公司負債250,000元，每半年提存等額基金，以期於五年後清償債務。已知基金之投資利率爲8%，每年複利計息二次，試求第四年末基金之累計總額?

19. 某甲負債10萬元，約定於八年後一次償還，債務人每年末提撥基金皆按實利率5%投資。若每年末負擔總額爲14,350元，試求此借款之利率?

20. 甲向乙借1,000元，答應以年利率6%爲計息利率，甲並累積基金以清償債務，而基金利率爲5%。若到第五年底基金累積額爲500元。而第六年甲共負擔100元，求

    (A)此100元中，付貸款利息部份?

    (B)此100元中，放入基金部份爲若干?

(C)此100元中，眞正的淨利息爲多少元?

(D)此100元中，償本部份是多少?

(E)第六年底基金累積額爲多少?

21.某人用10年來償還債款，每年還1,000元。一半的債款用分期攤還方式，而利率爲5%，另一半債款用償債基金法償還，付給債務人利率爲5%，而基金利率爲4%，求此債款爲若干元?

22.負債十萬元，年利率爲10%，期限五年，每年除付利息外，另提撥等額基金，基金投資利率8%，每年複利四次，問每年末共應支付利息及基金總額若干元? 並編列償債基金表。

第六章　生命年金

§6.1　機率與期望值

前面章節所談到的都是確定事件，沒有所謂的可能性，而本章生命年金（Life Annuities）及下一章人壽保險（Life Insurance）的觀念則建立在於機率的概念上，所以在此略爲各位溫習一下。

機率簡單的說就是某個事件發生的可能性，而機率的求法有二，一爲先知機率（prior probability），事件發生的機率不需要去觀察實驗就可以預知其機率的，如一公平沒有作弊的銅板出現正面或反面的機率可知都是$\frac{1}{2}$。另外一個是經驗機率（empirical probability），無法事先預知其發生的機率，需大量觀察實驗，才能求出其機率值。其想法是做實驗N次，觀察所興趣的事件是否發生，並記錄其發生的次數，將其發生的次數除以N就是相對次數（relative frequency）。由大數法則（law of large number）得知實驗次數N趨近無限多時，此相對次數即此事件發生的機率，而生命表的編製亦是應用這個觀念編成的。

期望值（expectation）是機率論中另一重要的主題。由於每一事件未進行前其會發生的結果是無法確定的，無法得知整個實驗的成敗或輸贏。但我們可假設已作無限多次實驗，則可求其平均結果，此結果即機率論中的期望值。生命年金現值的計算與期望值是有關聯性的。

例1　某袋子中有一百萬個球，其顏色不是紅就是黑，這些球均勻攪動，隨機抽出五萬個球，其中有紅球35,005個，求抽中紅球的機率？

解：由於抽球5萬個是相當大的數字，根據大數法則相對次數35,005／50,000可用來代表從原袋中抽中紅球的機率值，是0.7。相同的抽中黑色球的機率是0.3。

例2　續上題，若從袋中抽中紅球可贏5元，抽中黑球需賠3元，求抽一球輸贏的期望值？

解：承上題，抽中紅球的可能是0.7，所以是能贏5元的機率，而抽中黑球的可能是0.3，是爲輸3元的機率，平均而言，抽一球的輸贏爲

$5\times 0.7+(-3)\times 0.3=3.5-0.9=2.6$(元)

所以抽一球輸贏的期望值爲2.6元。

§6.2　生命表之介紹

生命年金與人壽保險的計算須由大量的觀察，觀察人們在各個年齡死亡的人數，而統計出一個表格，而此表格叫做生命表（Table of Mortality）。此表包括各個年齡之死亡率，由此可知各個年齡的生存人數，所考慮的起始年齡可從1歲開始。而作爲開始年齡的生存人數稱爲基數（radix），而在保險業中常使用的表格是Commissioner's 1958 Standard Ordinary Table of Mortality，簡稱CSO表，或臺灣壽險業第三回經驗生命表，簡稱1989 TSO表，這二表皆以10,000,000爲1歲開始生存的人數，表中有各年齡之生存人數、死亡人數及死亡機率，此二表列於附錄中。

生命表中常用符號定義如下：

(i) l_x :活至x歲的生存人數

(ii) d_x :死於x歲至$(x+1)$歲的人數

(iii) p_x :x歲之人多活一年之機率

(iv) ${}_np_x$:x歲之人至少多活n年之機率

(v) ${}_{n|}q_x$:x歲之人死於$(x+n)$歲與$(x+n+1)$歲間的機率

(vi) ${}_{m|n}q_x$:x歲之人死於$(x+m)$歲與$(x+m+n)$歲之機率

(vii) e_x^0 :x歲之人可再生存之平均年歲

由上列定義可得下列各式

(A): $d_x=l_x-l_{x+1}$

(B): $p_x=\dfrac{l_{x+1}}{l_x}$

(C): $q_x=1-p_x=\dfrac{d_x}{l_x}$: 表$x$歲之人死於$x$與$(x+1)$歲之機率

(D): ${}_np_x=\dfrac{l_{x+n}}{l_x}$

(E): ${}_nq_x=1-{}_nP_x=\dfrac{l_x-l_{x+n}}{l_x}$: 表$x$歲之人死於$x$與$(x+n)$歲之機率

(F): ${}_{n|}q_x=\dfrac{d_{x+n}}{l_x}=\dfrac{l_{x+n}-l_{x+n+1}}{l_x}={}_np_x-{}_{n+1}p_x$

(G): ${}_{m|n}q_x=\dfrac{l_{x+m}-l_{x+m+n}}{l_x}={}_mp_x-{}_{n+m}p_x$

(H): $e_x^0=\dfrac{1}{2}+e_x=\dfrac{1}{2}+\dfrac{l_{x+1}+l_{x+2}+\cdots}{l_x}$

e_x: 活至x歲之人簡約的平均餘命，此並沒包括在x歲生日後一年的壽命。但e_x^0則包括在內。

例1 有一人今年25歲，試用CSO表與TSO(男)表，求此人

(i)至少活一年之機率

(ii)可活至55歲之機率

解 依題意所求爲:

(i) $p_{25}=\dfrac{l_{26}}{l_{25}}$

從TSO（男）表查得$l_{26}=9{,}584{,}594$

$l_{25}=9{,}603{,}301$

則$p_{25}=\dfrac{9{,}584{,}594}{9{,}603{,}301}=.998052$

從CSO表查得$l_{26}=9,557,155$

$l_{25}=9,575,636$

則$p_{25}=\frac{9,557,155}{9,575,636}=.99807$

(ii) $_{30}p_{25}=\frac{l_{55}}{l_{25}}$

從TSO(男)表查得$l_{55}=8,429,569$

$l_{25}=9,603,301$

則$_{30}p_{25}=\frac{8,429,569}{9,603,301}=.877778$

從CSO表查得$l_{55}=8,331,317$

$l_{25}=9,575,636$

則$_{30}p_{25}=\frac{8,331,317}{9,575,636}=.87005$

例2　有一人今年20歲，試用CSO表求

(i)此人於一年內死亡之機率

(ii)此人於35歲至45歲死亡之機率

(iii)此人滿50歲後一年死亡之機率

解：

(i) $q_{20}=\frac{l_{20}-l_{21}}{l_{20}}=\frac{d_{20}}{l_{20}}=\frac{17,300}{9,664,994}=.00179$

(ii) $_{15|10}q_{20}=(l_{35}-l_{45})/l_{20}=\frac{9,373,807-9,048,999}{9,664,994}=.03361$

(iii) $_{30|}q_{20}=\frac{l_{50}-l_{51}}{l_{20}}=\frac{d_{50}}{l_{20}}=\frac{72,902}{9,664,994}=.00754$

§6.3 生命年金

生命年金（Life Annuity）是一種或有年金，其各期年金額之支付決定於年金領受者（annuitant）之生存與否，若領受者死亡則停止支付。其支付時期可以是一年、半年、一季、一月……，生命年金之期限不像一般年金是事先無法預知的，所以無法求生命年金終值，只能求其現值。

如生命年金之支付是直到領受人死亡爲止的，則稱作終身生命年金（Whole-Life Annuity）。另一種生命年金其支付期限是有限定的(若領受人於限定期間內死亡則此年金提早結束)，這稱爲有限生命年金（Temporary Life Annuity）。

生命年金除依上述定義區分外，尚可分爲下列三種狀況，這與第四章的討論類似。

(i)年金於每期期末支付，叫做普通生命年金(Ordinary Life Annuity)。

(ii)年金於每期期初支付，稱期初生命年金（Life Annuity Due)。

(iii)年金是在延期數期後才開始支付，稱爲延期生命年金(De-ferred Life Annuity)。

所以我們有六種年金。想討論各種生命年金的保費前，需先討論躉繳純保費（Net Single Premium)，其值是領受者預期領取的年金在定保險契約時的現值。如爲保險行爲，保險領受者應該於定保險契約時繳足這種純保費，那麼保險公司支付年金時才不會有所損失。當然保險公司除收取這純保費之外仍須加上一些額外保費，才是總保費。

想要計算各種生命年金之現值，需先考量到生贈金之現值。設現有一人現年x歲，約定若他能活至$(x+n)$歲可得金額R元，稱此人有n年純生贈金R元（Pure Endownment），其期望現值以$R\cdot{}_nE_x$代表之。

此人現x歲能活至$(x+n)$歲之機率爲${}_np_x$，則在$(x+n)$歲時其期望值爲$R\cdot{}_np_x$。若利率爲i，那麼在x歲之現值爲$R\cdot{}_np_x(1+i)^{-n}$。所以

$$
\begin{aligned}
R\cdot{}_nE_x &= R\cdot{}_np_x(1+i)^{-n} \\
&= R\cdot\frac{l_{x+n}}{l_x}(1+i)^{-n} \\
&= R\cdot\frac{(1+i)^{-(n+x)}l_{x+n}}{(1+i)^{-x}l_x} = R\cdot\frac{v^{n+x}l_{x+n}}{v^x l_x} \\
&= R\cdot\frac{D_{x+n}}{D_x} \qquad (6.1)
\end{aligned}
$$

令$D_x=v^x l_n$。D_x稱換算符號（Communication Symbol），可以在附錄表中查到，當利率爲2.5%時。

例1　某人20歲獲得一遺產，約定此人至50歲時可領50萬元，試用CSO表求此現值

(i)利率爲3%

(ii)利率爲2.5%

解： (i)依題意 $R=500,000$ $x=20$ $n=30$ $i=3\%$

由(6.1)式中得此現值

$$R\cdot {}_{n}E_{x}=500,000\cdot {}_{30}p_{20}(1+3\%)^{-30}$$

$$=500,000\cdot \frac{l_{50}}{l_{20}}(1.03)^{-30}$$

$$=500,000\cdot \frac{8,762,306}{9,664,994}(1.03)^{-30}$$

$$=186,754.1\text{（元）}$$

(ii)因$i=2.5\%$ 所以可從附表中查出D值

則現值為

$$R\cdot {}_{n}E_{x}=R\cdot \frac{D_{x+n}}{D_{x}}$$

$$=500,000\cdot \frac{D_{50}}{D_{20}}$$

$$=500,000\cdot \frac{2,549,324.6723}{5,898,264.9735}$$

$$=216,108.0\text{（元）}$$

§6.4 各類生命年金現值之計算

(一)終身生命年金

(i)普通終身生命年金：即年金在每期期末支付，直到領受人死亡才終止。設此年金每年支付$R=1$元給現年x歲的年金領受人直到其死亡為止，每年年金可視為一筆生贈金，而將這些生贈金

的現值全部加總就是此生命年金的現值，或稱躉繳純保費。並以a_x表示之。由生贈金之討論可得

$$a_x = {}_1E_x + {}_2E_x + \cdots \tag{6.2}$$

此式雖表爲無限多項，但事實上是有限項的，因人的壽命終究是有限的。(6.2)式可依(6.1)式改寫成

$$a_x = \frac{1}{D_x}(D_{x+1} + D_{x+2} + \cdots)$$

令$N_x = D_x + D_{x+1} + \cdots$，是另一換算符號，亦可在當利率2.5%時從附表中查得此值。則

$$a_x = \frac{N_{x+1}}{D_x} \tag{6.3}$$

例1　某人今年40歲，獲得一筆終身生命年金，每年可得500元，利率爲2.5%，試求現值?

解:　依題意　$x=40$　$i=2.5\%$　可用CSO換算符號表格，$R=500$ 現值爲

$$R \cdot a_x = R \cdot \frac{N_{x+1}}{D_x} = 500 \cdot \frac{N_{41}}{D_{40}}$$

$$= 500\frac{71{,}753{,}134.1094}{3{,}441{,}765.0620}$$

$$= 10{,}423.9 \text{（元）}$$

(ii)期初終身生命年金：即年金支付於每期期初，直到年金領

受人死亡爲止。設現年x歲之人每年領取年金額$R=1$ 元而其期初生命年金現值是$\ddot{a}_x$。期初終身生命年金較普通年金早一年領取，即在x歲時就可以領取，因此$\ddot{a}_x$與a_x關係如下：

$$\begin{aligned}\ddot{a}_x&=1+a_x\\&=1+\frac{N_{x+1}}{D_x}\\&=\frac{D_x+(D_{x+1}+D_{x+2}+\cdots)}{D_x}\\&=\frac{N_x}{D_x}\end{aligned} \tag{6.4}$$

例2　李先生今年25歲，得到一筆期初終身生命年金，每年初可領1,500，若利率爲2.5%，求躉繳純保費?

解：依題意　$x=25$　期初領取年金 $R=1,500$，$i=2.5\%$

則躉繳純保費依(6.4)式爲

$$\begin{aligned}R\cdot\ddot{a}_x&=R\cdot\frac{N_x}{D_x}\\&=1,500\cdot\frac{N_{25}}{D_{25}}\\&=1,500\cdot\frac{139,839,496.9072}{5,165,007.9517}\\&=40,611.6\ (\text{元})\end{aligned}$$

(iii)延期終身生命年金：即年金的支付並不於約定時馬上領取，而是在延期m年後才開始支付，直到領受人死亡爲止。設領受

人現年x歲，從滿$(x+m)$歲時才開始領取年金，每年領$R=1$元，而此延期終身生命年金以${}_{m|}a_x$表示。而${}_{m|}a_x$與a_x相較，是生贈金現值的加總起始值爲${}_{m+1}E_x$而非${}_1E_x$故

$$
\begin{aligned}
{}_{m|}a_x &= {}_{m+1}E_x + {}_{m+2}E_x + \cdots \\
&= \frac{1}{D_x}(D_{x+m+1} + D_{x+m+2} + \cdots) \\
&= \frac{N_{x+m+1}}{D_x} \qquad (6.5)
\end{aligned}
$$

若領受人現年x歲，一到$(x+m)$歲時就開始領取，與(ii)之比較，即早一期領取其終身年金現值，可以${}_{m|}\ddot{a}_x$代表之而

$$
\begin{aligned}
{}_{m|}\ddot{a}_x &= {}_mE_x + {}_{m+1}E_x + \cdots \\
&= \frac{N_{x+m}}{D_x} \qquad (6.6)
\end{aligned}
$$

例3 王先生現年40歲欲購買一延期終身生命年金，每年金額爲250元，已知利率爲2.5%，求下列現值。

(i)若王先生至滿65歲才領第一筆年金

(ii)若王先生一到60歲就領第一筆年金

解：依題意 $x=40$ $R=250$ $i=2.5\%$ 爲延期年金

(i)滿65歲才領第一筆故$m=65-40=25$，且是年底支領

故現值

$$R\cdot{}_{m|}a_x = R\cdot\frac{N_{x+m+1}}{D_x} = 250\cdot\frac{N_{66}}{D_{40}}$$

$$=250\cdot\frac{13,711,704.0491}{3,441,765.0620}$$

$$=995.98\text{（元）}$$

(ii)一到60歲就去領第一筆故$m=60-40=20$，但年初去領故現值

$$R\cdot{}_{m|}\ddot{a}_x=R\cdot\frac{N_{x+m}}{D_x}=250\cdot\frac{N_{60}}{D_{40}}$$

$$=250\frac{23,056,044.9677}{3,441,765.0620}$$

$$=1,674.73\text{（元）}$$

㈡有限生命年金

(i)普通有限生命年金：即年金支付次數是有限次，若領受人死亡於支付期限之前則提早停止支付，年金支付並於期末發生。設現年x歲之領受人，可於每年末領取年金額$R=1$元，至多n期，則此年金現值以$a_{x:\overline{n|}}$表示之。$a_{x:\overline{n|}}$與a_x相比較可得

$$a_{x:\overline{n|}}=a_x-{}_{n|}a_x$$

$$=\frac{N_{x+1}}{D_x}-\frac{N_{x+n+1}}{D_x}$$

$$=\frac{N_{x+1}-N_{x+n+1}}{D_x} \tag{6.7}$$

例4 陳先生今年30歲，購得一筆15年的普通有限生命年金，若年利率爲2.5%，每年年金額爲1,000元，則現在買價爲多少？

解：依題意　$x=30$　$n=15$　$R=1,000$　$i=2.5\%$ 則買價爲

$$R\cdot a_{x:\overline{n|}}=R\cdot\frac{N_{x+1}-N_{x+n+1}}{D_x}$$

$$=1{,}000\cdot\frac{N_{31}-N_{46}}{D_{30}}$$

$$=1{,}000\cdot\frac{110{,}818{,}050.4894-55{,}949{,}104.2664}{4{,}519{,}691.3751}$$

$$=12{,}139.98 \text{（元）}$$

(ii)期初有限生命年金：類似普通有限生命年金，但年金支付於期初發生，此年金現值以$\ddot{a}_{x:\overline{n}|}$表示，同上可得

$$\ddot{a}_{x:\overline{n}|}=\ddot{a}_x-{}_{n|}\ddot{a}_x$$

$$=\frac{N_x}{D_x}-\frac{N_{x+n}}{D_x}$$

$$=\frac{N_x-N_{x+n}}{D_x} \qquad (6.8)$$

例5　同上例，現陳先生所買的是期初有限生命年金，則買價爲多少？

解：依題意　可得

$$R\cdot\ddot{a}_{x:\overline{n}|}=R\cdot\frac{N_x-N_{x+n}}{D_x}$$

$$=1{,}000\cdot\frac{N_{30}-N_{45}}{D_{30}}$$

$$=1{,}000\cdot\frac{115{,}337{,}741.8645-58{,}927{,}803.0828}{4{,}519{,}691.3751}$$

$$=12{,}480.93 \text{（元）}$$

(iii)延期有限生命年金：設某人現年x歲，到滿$(x+m)$歲後可開始領年金額1元，至多n年，則此現值以${}_{m|}\ddot{a}_{x:\overline{n}|}$且與延期生命年金相較可得

$$
\begin{aligned}
{}_{m|}a_{x:\overline{n|}} &= {}_{m|}a_x - {}_{m+n|}a_x \\
&= \frac{N_{x+m+1}}{D_x} - \frac{N_{x+m+n+1}}{D_x} \\
&= \frac{N_{x+m+1} - N_{x+m+n+1}}{D_x} \qquad (6.9)
\end{aligned}
$$

若某人一到$(x+m)$歲，就開始支領年金額1元，至多n年，則此現值爲${}_{m|}\ddot{a}_{x:\overline{n|}}$，且

$$
\begin{aligned}
{}_{m|}\ddot{a}_{x:\overline{n|}} &= {}_{m|}\ddot{a}_x - {}_{m+n|}\ddot{a}_x \\
&= \frac{N_{x+m}}{D_x} - \frac{N_{x+m+n}}{D_x} \\
&= \frac{N_{x+m} - N_{x+m+n}}{D_x} \qquad (6.10)
\end{aligned}
$$

例6　某人現年38歲今購買一延期有限生命年金，每年年金額500元，年金次數20次，求現買價爲何？設利率爲2.5%。

(i)滿64歲才領取第一次年金

(ii)一到60歲就領取第一次年金

解：依題意　$x=38$　$R=500$　$n=20$　$i=2.5\%$

(i)滿64歲才領第一筆年金，則$m=64-38=26$，且爲期末支領故現值爲

$$
\begin{aligned}
R\cdot {}_{m|}a_{x:\overline{n|}} &= R\cdot\frac{N_{x+m+1} - N_{x+m+n+1}}{D_x} \\
&= 500\cdot\frac{N_{38+26+1} - N_{38+26+20+1}}{D_{38}}
\end{aligned}
$$

$$=500\cdot\frac{N_{65}-N_{85}}{D_{38}}$$

$$=500\cdot\frac{15{,}077{,}832.5953-720{,}991.3564}{3{,}638{,}747.0704}$$

$$=1{,}972.77(\text{元})$$

(ii)一到60歲就領第一筆年金，則$m=60-38=22$，但期初支領故現價爲

$$R\cdot{}_{m|}\ddot{a}_{x:\,\overline{n|}}=R\cdot\frac{N_{x+m}-N_{x+m+n}}{D_x}$$

$$=500\cdot\frac{N_{38+22}-N_{38+22+20}}{D_{38}}$$

$$=500\cdot\frac{N_{60}-N_{80}}{D_{38}}$$

$$=500\cdot\frac{23{,}056{,}044.9677-2{,}098{,}127.8749}{3{,}638{,}747.0704}$$

$$=2{,}879.83\ (\text{元})$$

§6.5　每年支付數次之生命年金

對於每年支付P次而每次支付$\frac{1}{P}$元的生命年金，在現實生活中經常可見到這種年金，像是月退休金，及其他一些按季支領……等皆是這一類的生命年金。不過因這一類的年金沒有詳盡確實的生命表，所以沒有辦法如前一節那樣精確求出年金現值，而只能用插補法求得約略的年金現值，像上一節一樣，現在我們來討論

各種情況的年金。

㈠終身年金

(i)期初終身年金：年金領受人現年x歲，每年支領P次年金，在期初支領而每次領$\frac{1}{P}$元到死爲止，這種年金現值以$\ddot{a}_x^{(p)}$表示。可把此種情況視爲P個終身年金；第一個是期初終身年金，剩下的$(P-1)$個是延期期初年金，每次年金額是$\frac{1}{P}$元，延期期數分別爲$\frac{1}{P}$，$\frac{2}{P}$，$\cdots\frac{P-1}{P}$。而其現值分別爲$\frac{1}{P}\ddot{a}_x$，$\left(\frac{1}{P}\right)_{\frac{1}{P}|}\ddot{a}_x$，$\left(\frac{1}{P}\right)_{\frac{2}{P}|}\ddot{a}_x\cdots\left(\frac{1}{P}\right)_{\frac{P-1}{P}|}\ddot{a}_x$,則

$$\ddot{a}_x^{(p)}=\frac{1}{P}(\ddot{a}_x+{}_{\frac{1}{P}|}\ddot{a}_x+{}_{\frac{2}{P}|}\ddot{a}_x+\cdots+{}_{\frac{(P-1)}{P}|}\ddot{a}_x) \tag{6.11}$$

因 ${}_{0|}\ddot{a}_x=\ddot{a}_x-0$

${}_{1|}\ddot{a}_x=\ddot{a}_x-1$

用揷補法得

${}_{\frac{i}{P}|}\ddot{a}_x=\ddot{a}_x-\frac{i}{P}$ 代入(6.11)

$$\Rightarrow\ddot{a}_x^{(p)}=\frac{1}{P}\left[\ddot{a}_x+(\ddot{a}_x-\frac{1}{P})+(\ddot{a}_x-\frac{2}{P})+\cdots+(\ddot{a}_x-\frac{P-1}{P})\right]$$

$$=\ddot{a}_x-\frac{1}{P}(\frac{1}{P}+\frac{2}{P}+\cdots+\frac{P-1}{P})$$

$$=\ddot{a}_x-\frac{P-1}{2P} \tag{6.12}$$

(ii)普通終身年金：與期初終身年金比較是晚$\frac{1}{P}$期支領年金。設$a_x^{(p)}$是普通終身年金的現值，那麼與上式比較可得

$$a_x^{(p)}=\ddot{a}_x^{(p)}-\frac{1}{P}$$

$$=\ddot{a}_x-\frac{P-1}{2P}-\frac{1}{P}$$

$$=\ddot{a}_x-\frac{P+1}{2P}$$

又 $\ddot{a}_x=a_x+1$

則 $a_x^{(p)}=a_x+1-\frac{P+1}{2P}$

$$=a_x+\frac{P-1}{2P} \tag{6.13}$$

(iii)延期終身年金

(1)延期普通終身年金：領受人現年x歲延期m年後，開始每年支領P次年金且期末支領，每次領$\frac{1}{P}$元，領到死爲止，年金現值以${}_{m|}a_x^{(p)}$表示之。可先求出$x+m$歲時的現值即$a_{x+m}^{(p)}$，再將這現值看作是生贈金，再求現x歲的現值。

故

$${}_{m|}a_x^{(p)}={}_mE_x\cdot a_{x+m}^{(p)}$$

$$=\frac{D_{x+m}}{D_x}\left(a_{x+m}+\frac{P-1}{2P}\right)$$

$$=\frac{D_{x+m}}{D_x}\left(\frac{N_{x+m+1}}{D_{x+m}}+\frac{P-1}{2P}\right)$$

$$=\frac{1}{D_x}\left(N_{x+m+1}+\frac{P-1}{2P}\cdot D_{x+m}\right) \tag{6.14}$$

⑵延期期初終身年金：如⑴的情況一樣，但年金的支付是在每期期初發生，這年金現值記作${}_{m|}\ddot{a}_x^{(p)}$則

$$
\begin{aligned}
{}_{m|}\ddot{a}_x^{(p)} &= {}_mE_x\cdot \ddot{a}_{x+m}^{(p)}\\
&=\frac{D_{x+m}}{D_x}\left(\ddot{a}_{x+m}-\frac{P-1}{2P}\right)\\
&=\frac{D_{x+m}}{D_x}\left(a_{x+m}+\frac{P+1}{2P}\right)\\
&=\frac{D_{x+m}}{D_x}\left(\frac{N_{x+m+1}}{D_{x+m}}+\frac{P+1}{2P}\right)\\
&=\frac{1}{D_x}\left(N_{x+m+1}+\frac{P+1}{2P}D_{x+m}\right) \qquad (6.15)
\end{aligned}
$$

㈡有限年金

(i)普通有限年金：領受人現年x歲，每年支領P次年金於期末領取，每次金額$\frac{1}{P}$元，至多可領n年，此年金現值以$a_{x:\overline{n|}}^{(p)}$代表之與$a_x^{(p)}$比較可得

$$a_{x:\overline{n|}}^{(p)}=a_x^{(p)}-{}_{n|}a_x^{(p)}$$

由(6.13)及(6.14)，$=a_x+\frac{P-1}{2P}-\frac{1}{D_x}\left(N_{x+n+1}+\frac{P-1}{2P}D_{x+n}\right)$

又$a_x=\frac{N_{x+1}}{D_x}$，$=\frac{N_{x+1}-N_{x+n+1}}{D_x}+\frac{P-1}{2P}\left(1-\frac{D_{x+n}}{D_x}\right)$

$$=a_{x:\overline{n|}}+\frac{P-1}{2P}(1-{}_nE_x) \tag{6.16}$$

(ii)期初有限年金：情況除年金支領是在期初外與(i)皆相同，這年金現值以$\ddot{a}_{x:\overline{n|}}^{(p)}$表示，同(6.16)的討論方式得

$$\ddot{a}_{x:\overline{n|}}^{(p)}=\ddot{a}_{x:\overline{n|}}-\frac{P-1}{2P}(1-{}_nE_x)\cdots \tag{6.17}$$

(iii)延期有限年金：年金領受人現年x歲，延期m年後，每年領取年金P次，於期末支領，每次領$\frac{1}{P}$元至多領n年。就像延期終身年金的討論方式，先將在$(x+m)$歲時的有限年金現值求出來，即$a_{x+m:\overline{n|}}$，再將此值當作生贈金求出此時的現值。即爲

$${}_mE_x\cdot a_{x+m:\overline{n|}}$$

如在期初支領年金，則此延期年金現值爲

$${}_mE_x\cdot \ddot{a}_{x+m:\overline{n|}}$$

以上所提之各種年金其每年年金額皆爲1元，如果年金額是R元則需將所用年金公式乘以R。

例1 某人現年35歲擁有一月初付1,500元的生命年金，求其現值。年利率2.5%。如

(i)終身生命年金

(ii)20年有限生命年金

解：依題意　$x=35$，月初支付年金1,500元，則每年付年金額共$R=1{,}500\times 12=18{,}000$(元)　$P=12$　$i=2.5\%$

(i)期初終身生命年金，依(6.12)式，現值爲

$$R\cdot \ddot{a}_x^{(p)}=R\left(\ddot{a}_x-\frac{P-1}{2P}\right)=18{,}000\left(\frac{N_x}{D_x}-\frac{11}{24}\right)$$

$$=18{,}000\left(\frac{N_{35}}{D_{35}}-\frac{11}{24}\right)$$

$$=18{,}000\left(\frac{93{,}906{,}838.6413}{3{,}949{,}851.0856}-\frac{11}{24}\right)$$

$=419{,}696.0$（元）

(ii)期初有限生命年金，$n=20$，依(6.17)則現值爲

$$R\cdot \ddot{a}_{x:\overline{n}|}{}^{(p)}=R\left[\ddot{a}_{x:\overline{n}|}-\frac{P-1}{2P}(1-{}_nE_x)\right]$$

$$=18{,}000\left[\frac{N_x-N_{x+n}}{D_x}-\frac{P-1}{2P}\left(1-\frac{D_{x+n}}{D_x}\right)\right]$$

$$=18{,}000\left[\frac{N_{35}-N_{55}}{D_{35}}-\frac{11}{24}\left(1-\frac{D_{55}}{D_{35}}\right)\right]$$

$$=18{,}000\left[\frac{93{,}906{,}838.6413-32{,}978{,}578.8638}{3{,}949{,}851.0856}\right.$$

$$\left.-\frac{11}{24}\left(1-\frac{2{,}142{,}402.4988}{3{,}949{,}851.0856}\right)\right]$$

$=273{,}883.0$（元）

§6.6 Tontine年金

Tontine年金是由義大利人Tonti（1630-1695）所提出，又稱爲福利年金(Foreborne Annuity)。他思考的方向是有l_x個現

年x歲的人，約定生存者每年初出資R元作基金，以利率i複利計息，至n年末由存活者l_{x+n}人平均享用所有基金本利。設每人可分金額$R\cdot{}_nU_x$，則在$(x+i)$年，此基金可收到l_{x+i}元，$i=0,1,\cdots(n-1)$，將這些錢累積至$(x+n)$年，再由存活的l_{x+n}均分，則

$${}_nU_x=[l_x(1+i)^n+l_{x+1}(1+i)^{n-1}+\cdots+l_{x+n-1}(1+i)]/l_{x+n}$$

分子分母同乘v^{x+n}，

$$=\frac{l_xv^x+l_{x+1}v^{x+1}+\cdots+l_{x+n-1}v^{x+n-1}}{l_{x+n}v^{x+n}}$$

$$=\frac{D_x+D_{x+1}+\cdots+D_{x+n-1}}{D_{x+n}}$$

$$=\frac{N_x-N_{x+n}}{D_{x+n}} \tag{6.18}$$

${}_nU_x$與期初有限生命年金比較，可知分子相同但在分母用D_{x+n}代替D_x，因爲可以均分這基金的只有活到$(x+n)$歲的人才有資格。

例1　欲在60歲時得20,000元，問自40歲起每年初應繳若干元？設利率爲2.5%。

解：依題意　$x=40$　$n=20$　$R=?$　且

$$R\cdot{}_nU_x=20{,}000$$

則　$$R=\frac{20{,}000}{{}_nU_x}=20{,}000/\left(\frac{N_x-N_{x+n}}{D_{x+n}}\right)$$

$$=20{,}000/\left(\frac{N_{40}-N_{60}}{D_{60}}\right)$$

$$=20{,}000/\left(\frac{75{,}194{,}899.1714-23{,}056{,}044.9677}{1{,}794{,}787.7198}\right)$$

$$=688.46\text{（元）}$$

習　　題（本章作業若未提利率，則皆以2.5%作答）

§6.1　機率與期望值

§6.2　生命表之介紹

試用CSO表及TSO表分別計算1至5題：

1.試求10歲小孩可活至70歲之機率？

2.試求12歲小孩可活至50歲至60歲之機率？

3.試求現年30歲至少再活一年之機率？

4.試求現年32歲，在65歲死亡之機率？

5.試求現年40歲，在32年內死亡之機率？

6.試填下表中的未知數：

x	死亡率	l_x	d_x
95	0.03	25,000	
96	0.04		
97	0.03		
98	0.02		
99	0.05		
100			

7.設$l_x=120(70-x)$，試求${}_{3|}q_{25}$及${}_{10}p_{25}$?

8.試證${}_{m+n}p_x={}_mp_x\cdot{}_np_{x+m}$

9.試證${}_{m|n}q_x={}_mp_x\cdot{}_nq_{x+m}$

§6.3 生命年金

§6.4 各類生命年金之現值

10.某人25歲獲得生贈金15萬，不過必須活到30歲方可領取，若年利率4%，則現值爲何?

11.試求下列各題生贈金之現值?

	利率	現年	生贈金	領取生贈金的歲數
(i)	3%	22	5,000	50
(ii)	2.5%	35	20,000	60

12.某二人現在分別是28歲、50歲，如今獲得一普通終身生命年金1,000元，試分別求其現值?

13.同上題但普通終身生命年金改成期初終身生命年金，試分別求其現值?

14.某人在65歲時購買一20,000元普通終身生命年金，試求每年年金額?

15.某人現年50歲，購買一年金額4,000元36年普通有限生命年金，試求純購價?

16.某人現在50歲，購買一年金額4,000元18年期初有限生命年金，試求純購價?

§6.5　每年支付數次之生命年金

17.某人現在30歲，購得一每月初支付1,000元之終身年金，試求現值?

18.某人現在30歲，購得一每季末支付1,000元之25年有限生命年金，試求現值?

19.某人現在38歲，購得一每月初支付2,000元之延期10年之終身年金，試求現值?

§6.6　Tontine年金

20.某人現在35歲，在55歲時可獲得5,000元，採用Tontine年金法，自現在起每年初向保險人付一定額生命年金，試求每年初必須付之年金額?

21.設現有35歲l_{35}人，擬設一基金於今後10年中每年初各存500元，至第10年末由生存者l_{45}個人平分，試求每一生存者可分得多少?

第七章　人壽保險與責任準備金

§7.1　人壽保險的意義與種類

人壽保險（Life Insurance）和其他保險意義上來說是相似的。簡而言之，人壽保險是爲了確保生前或身後經濟需要之充足，而聚合多數人，以公平合理的方法拿出少數金額(保費)，共同籌備基金，約定當死亡、期滿或殘疾等事故發生時，給付約定金額（保險金）的制度。即以多數人的力量來扶助因事故發生傷害的少數人。

人壽保險可依保險事故而分類爲：

1.終身保險(Whole Life Insurance)：被保險人(Insured)以終身爲保險期間，無論何時死亡，保險人（Insurer）便須依約給付一定額之保險金。

2.定期保險（Term Life Insurance)：被保險人於約定期間內死亡，方須支付一定額保險金之保險。

3.養老保險（Endownment Insurance)：被保險人於約定

期間內死亡或期滿時仍生存，給付等額保險金之保險，亦稱生死合險。儲蓄保險即爲生死合險之一種。

人壽保險亦可依保險費繳納期間來區分：

1.躉繳：保險費於契約成立之初，全部一次繳清者。

2.全期繳：保險期間內，分期繳納直到期滿或死亡爲止。

3.限期繳：以保險期內，某一限定期爲繳費期。

將依以上之分類，分別計算各種純保費於下一節。而本章與上一章主要差異是：生命年金支領的條件是領受人活著，而本章除養老保險外都是被保險人死亡時才支付保險金。

§7.2 純保費之計算

㈠終身保險：

設現年x歲之人，在死亡當年末依保險契約可獲得保險金1元，並設利率爲i，則

(i)躉繳純保費：由第六章得知x歲之人於1年內死亡之機率爲$q_x=\dfrac{d_x}{l_x}$，並於年末領保險金1元，則保險金的現值爲$\nu\cdot\dfrac{d_x}{l_x}$。若在第二年度死亡，其機率爲${}_{1|}q_x=\dfrac{d_{x+1}}{l_x}$，而其保險金現值則爲$\nu^2\cdot\dfrac{d_{x+1}}{l_x}$，依此類推，此人於第$i$年死亡機率爲${}_{(i-1)|}q_x=\dfrac{d_{x+i-1}}{l_x}$，而保險金現值爲$\nu^{i-1}\cdot\dfrac{d_{x+i-1}}{l_x}$。將此終身保險躉繳純保費記爲$A_x$，因爲

是終身保險，則

$$A_x = v \cdot \frac{d_x}{l_x} + v^2 \cdot \frac{d_{x+1}}{l_x} + \cdots\cdots + v^{i-1} \cdot \frac{d_{x+i-1}}{l_x} + \cdots\cdots$$

$$= \frac{v d_x + v^2 d_{x+1} + v^3 \cdot d_{x+2} + \cdots}{l_x} \qquad (7.1)$$

上式分子分母同乘v^x, 且設轉換符號$C_x = v^{x+1} \cdot d_x$與$M_x = C_x + C_{x+1} + \cdots$，那麼(7.1)爲

$$A_x = \frac{C_x + C_{x+1} + \cdots}{D_x}$$

$$= \frac{M_x}{D_x} \qquad (7.2)$$

當利率$i = 2.5\%$時，A_x值之計算可查附表中M_x與D_x之值。

(ii)全期繳純保費：令P_x爲x歲之人，保險額1元終身人壽保險每年初應繳純保費。因每年初應繳純保費形成一期初終身生命年金，其現值應與(i)之躉繳純保費相等。則依§6.4可得

$$P_x \cdot \ddot{a}_x = A_x$$

$$P_x = \frac{A_x}{\ddot{a}_x}$$

$$= \frac{M_x / D_x}{N_x / D_x}$$

$$= \frac{M_x}{N_x} \qquad (7.3)$$

(iii)限期繳純保費：如年繳保費的期限只約定在n年內繳交，而後則不必繳納。此每年繳純保費以${}_nP_x$表示之，且知此保費形成

一期初有限生命年金，同上之討論，依§6.4則得

$$ {}_nP_x \cdot \ddot{a}_{x:\overline{n}|} = A_x $$

得

$$ {}_nP_x = \frac{A_x}{\ddot{a}_{x:\overline{n}|}} $$

$$ = \frac{M_x/D_x}{\dfrac{N_x - N_{x+n}}{D_x}} $$

$$ = \frac{M_x}{N_x - N_{x+n}} \tag{7.4} $$

若保險金額爲R元，以上所提之保費皆需再乘以R元。

例1 某君現年30歲，購買一5萬元之終身人壽保險，試用CSO表求出純保費?

(i)現一次繳清。

(ii)每年初繳納至死方止。

(iii)現每年初繳納，只繳15年。

解： 依題意 $x=30$，$R=50{,}000$ $n=15$，則純保費

(i)依(7.2)爲

$$ R \cdot A_x = 50{,}000 \cdot \frac{M_{30}}{D_{30}} $$

$$ = 50{,}000 \cdot \frac{1{,}706{,}575.6773}{4{,}519{,}691.3751} $$

$$ = 18{,}879.14 \text{（元）} $$

(ii)依(7.3)爲

$$ R \cdot A_x = 50{,}000 \cdot \frac{M_{30}}{N_{30}} $$

$$=50{,}000\cdot\frac{1{,}706{,}575.6773}{115{,}337{,}741.8645}$$

$$=739.82\text{（元）}$$

(iii)依(7.4)爲

$$R\cdot{}_nP_x=50{,}000\cdot\frac{M_{30}}{N_{30}-N_{50}}$$

$$=50{,}000\cdot\frac{1{,}706{,}575.6773}{115{,}337{,}741.8645-44{,}904{,}190.1550}$$

$$=1{,}211.48\text{（元）}$$

(二)定期保險：

設現年x歲之人若於n年內死亡時，在死當年末給付保險金1元，否則不支付保險金的保險契約。設年利率爲i。

(i)躉繳純保費：與終身保險躉繳純保費同，但在此累加現值爲有限項，因爲此是n年定期保險，設$A'_{x:\overline{n}|}$是n年定期保險之躉繳純保費，則

$$A'_{x:\overline{n}|}=v\cdot\frac{d_x}{l_x}+v^2\cdot\frac{d_{x+1}}{l_x}+\cdots\cdots+v^n\cdot\frac{d_{x+n-1}}{l_x}$$

$$=\frac{v\cdot d_x+v^2\cdot d_{x+1}+\cdots\cdots+v^n\cdot d_{x+n-1}}{l_x}$$

分子分母同乘v^x

$$=\frac{v^{x+1}\cdot d_x+v^{x+2}\cdot d_{x+1}+\cdots\cdots+v^{x+n}\cdot d_{x+n-1}}{v^x\cdot l_x}$$

$$=\frac{C_x+C_{x+1}+\cdots\cdots+C_{x+n-1}}{D_x}$$

$$=\frac{M_x-M_{x+n}}{D_x} \qquad (7.5)$$

(ii)全期繳純保費：n年定期保險，保險額1元，保費分n年繳納，設$P'_{x:\overline{n|}}$爲每年繳之保費，則此形成一期初有限生命年金，且其現值與躉繳純保費同，則

$$P'_{x:\overline{n|}}\cdot\ddot{a}_{x:\overline{n|}}=A'_{x:\overline{n|}}$$

$$P'_{x:\overline{n|}}=\frac{A'_{x:\overline{n|}}}{\ddot{a}_{x:\overline{n|}}}$$

$$=\frac{\dfrac{M_x-M_{x+n}}{D_x}}{\dfrac{N_x-N_{x+n}}{D_x}}$$

$$=\frac{M_x-M_{x+n}}{N_x-N_{x+n}} \tag{7.6}$$

(iii)限期繳純保費：n年定期保險，保險額1元，約定保費於前m年($m\leq n$)繳付。則每年繳之保費記爲$_mP'_{x:\overline{n|}}$。這亦形成一期初有限生命年金，但繳付期數爲m而非n則

$$_mP'_{x:\overline{n|}}\cdot\ddot{a}_{x:\overline{m|}}=A'_{x:\overline{n|}}$$

因此 $$_mP'_{x:\overline{n|}}=\frac{A'_{x:\overline{n|}}}{\ddot{a}_{x:\overline{m|}}}$$

$$=\frac{\dfrac{M_x-M_{x+n}}{D_x}}{\dfrac{N_x-N_{x+m}}{D_x}}$$

$$=\frac{M_x-M_{x+n}}{N_x-N_{x+m}} \tag{7.7}$$

例2 某人現年45歲，投保一15年定期保險10萬元，試用CSO表求

純保費。

(i)一次繳清。

(ii)分15年繳付。

(iii)於前5年繳清。

解：　依題意：　$x=45,\ n=15,\ R=100,000$　，則純保費

(i)依(7.5)式爲

$$R\cdot A'_{x:\,\overline{n}|}=100,000\cdot\frac{M_x-M_{x+n}}{D_x}$$

$$=100,000\cdot\frac{M_{45}-M_{60}}{D_{45}}$$

$$=100,000\cdot\frac{1,541,435.3639-1,187,445.1491}{2,978,698.8164}$$

$$=11,884.06\ (元)$$

(ii)依(7.6)式爲

$$R\cdot P'_{x:\,\overline{n}|}=R\cdot\frac{M_x-M_{x+n}}{N_x-N_{x+n}}$$

$$=100,000\cdot\frac{M_{45}-M_{60}}{N_{45}-N_{60}}$$

$$=100,000\cdot\frac{1,541,435.3639-1,187,445.1491}{58,927,803.0828-23,056,044.9677}$$

$$=986.82\ (元)$$

(iii)依(7.7)式　且$m=5$　則

$$R\cdot {}_mP'_{x:\,\overline{n}|}=R\cdot\frac{M_x-M_{x+n}}{N_x-N_{x+m}}$$

$$=100,000\cdot\frac{M_{45}-M_{60}}{N_{45}-N_{50}}$$

$$=100,000\cdot\frac{1,541,435.3639-1,187,445.1491}{58,927,803.0828-44,904,190.1550}$$

$=2,524.24$（元）

㈢養老保險：

爲一生死合險，與定期保險不同處是保險契約到期時，若被保險人還活著也可支領相同的保險額。

(i)躉繳純保費：設$A_{x:\overline{n|}}$爲現x歲之人，繳付n年養老保險之躉繳純保費，除包含n年定期保險之純保費外，須加上n年後若被保人還活著支領的保險金1元（即生贈金）之現值，故

$$
\begin{aligned}
A_{x:\overline{n|}} &= A'_{x:\overline{n|}} + {}_nE_x \\
&= \frac{M_x - M_{x+n}}{D_x} + \frac{D_{x+n}}{D_x} \\
&= \frac{M_x - M_{x+n} + D_{x+n}}{D_x} \qquad (7.8)
\end{aligned}
$$

(ii)全期繳純保費：設$P_{x:\overline{n|}}$爲n年養老保險，保險金額1元之年繳純保費，這形成一期初n期有限生命年金，則

$$
P_{x:\overline{n|}} \cdot \ddot{a}_{x:\overline{n|}} = A_{x:\overline{n|}}
$$

$$
\begin{aligned}
P_{x:\overline{n|}} &= \frac{A_{x:\overline{n|}}}{\ddot{a}_{x:\overline{n|}}} \\
&= \frac{\dfrac{M_x - M_{x+n} + D_{x+n}}{D_x}}{\dfrac{N_x - N_{x+n}}{D_x}} \\
&= \frac{M_x - M_{x+n} + D_{x+n}}{N_x - N_{x+n}} \qquad (7.9)
\end{aligned}
$$

(iii)限期繳純保費：n年養老保險，保險額1元則繳付前m年

$(m\leq n)$之每年繳純保費設爲${}_mP_{x:\overline{n}|}$，爲一期初m期有限生命年金，同上可得

$${}_mP_{x:\overline{n}|}\cdot \ddot{a}_{x:\overline{m}|}=A_{x:\overline{n}|}$$

經簡化後，得

$${}_mP'_{x:\overline{n}|}=\frac{M_x-M_{x+n}+D_{x+n}}{N_x-N_{x+m}} \tag{7.10}$$

例3　某人現年48歲，想要買一個22年養老保險15萬元，試用CSO表，求純保費

(i)躉繳純保費。

(ii)分22年繳每年繳純保費。

(iii)前12年每年繳純保費。

解：　依題意：　$x=48,\ n=22,\ R=150{,}000$

(i)躉繳純保費，依(7.8)式

$$R\cdot A_{x:\overline{n}|}=R\cdot\frac{M_x-M_{x+n}+D_{x+n}}{D_x}$$

$$=150{,}000\cdot\frac{M_{48}-M_{70}+D_{70}}{D_{48}}$$

$$=150{,}000\cdot\frac{1{,}492{,}051.8398-773{,}392.4834+992{,}881.7500}{2{,}717{,}784.6405}$$

$=94{,}463.40$（元）

(ii)每年繳純保費，依(7.9)爲

$$R\cdot P_{x:\overline{n}|}=R\cdot\frac{M_x-M_{x+n}+D_{x+n}}{N_x-N_{x+n}}$$

$$=150{,}000\cdot\frac{M_{48}-M_{70}+D_{70}}{N_{48}-N_{70}}$$

$$=150{,}000\cdot\frac{1{,}711{,}541.1064}{50{,}255{,}044.0090-8{,}999{,}059.0415}$$

$$=6{,}222.88$$（元）

(iii)前12年每年繳純保費，且$m=12$，依(7.10)爲

$$R\cdot{}_{m}P_{x:\overline{n|}}=R\cdot\frac{M_x-M_{x+n}+D_{x+n}}{N_x-N_{x+m}}$$

$$=150{,}000\cdot\frac{M_{48}-M_{70}+D_{70}}{N_{48}-N_{60}}$$

$$=150{,}000\cdot\frac{1{,}711{,}541.1064}{50{,}255{,}044.0090-23{,}056{,}044.9677}$$

$$=9{,}438.99$$（元）

§7.3 責任準備金意義與計算

責任準備金（Liability Reserve）是人壽保險公司爲了依照保險契約，對將來能夠完全履行給付保險金的責任，每年從被保險人所繳納的保費中提存部份金額，以爲保管。被保人繳納保險費中的純保費部份，僅用以平衡保險金的給付。

在此節中，只考慮純保險費制的責任準備金，此完全不考慮營業費用，僅依純保費及保險金收支來計算責任準備金。上節所計算各種保險的年繳純保費皆爲一定值，不會隨著被保人年齡的增加，而將保費相對應的提高。但事實上，我們很清楚的瞭解，

隨著年齡的增長，其相對死亡的機率逐年提高。換言之，對保險公司而言，其給付給被保人保險金的機會也是逐年提高。保險公司為了平衡保險金的給付，在被保人開始投保時（一般而言，此時保費會比預期保險金的理賠高），得提存一部份保費作為未來保險金之償付。

此狀況可以自然保費（Natural Premium）來解釋之。自然保費為投保一年定期保險，保險額1元的純保費，依(7.6)式，可知現年x歲之人，其自然保費為

$$P'_{x:\overline{n|}}=\frac{M_x-M_{x+1}}{N_x-N_{x+1}}$$

$$=\frac{C_x}{D_x}=v\times\frac{d_x}{l_x}$$

可證明得知，此自然保費隨著年歲x之增加而遞增。即保險公司理賠保險金的機會，隨著被保人年歲提高而增加。

責任準備金，一般在各保單年末計算，稱為年末準備金（Terminal Reserve）。若在保單年初計算，稱為年初準備金（Initial Reserve），其值為前一年末準備金加上本年初所繳的純保費。若在保單年中計算，則稱為年中準備金（Mean Reserve），其值是將同年的年初與年末準備金加總除以2，即年初和年末準備金的平均數。

現我們只需考慮如何計算年末準備金。有二種方法可用，一為過去法（Retrospective Method），另一為將來法（Prospective Method）。過去法是將過去收取的保險費及其利息的累積值減去過去給付的保險金之本利和。將來法則從將來應給付保險金的現

值減去將來可收入保險費的現值。依據保險金給付之累積額在保險期滿時應與保險費收入總累積值相等之原理。可知在保險期間任一個時刻，保險金之價值與保險費之價值也應相等。根據此想法，不管責任準備金是用將來法或過去法所得之值應相等。茲分別討論如下：

㈠過去法：

從§6.6 Tontine年金中，可知x歲之人，存活的人每人每年繳一元以爲基金，至$(x+t)$歲，存活的人可分到${}_tU_x=\dfrac{N_x-N_{x+t}}{D_{x+t}}$。

現設現年x歲的人投保保險額1元的年繳純保費爲P元，則在$(x+t)$歲時，其累積純保費則爲$P\cdot{}_tU_x$。並設給付保險金1元在$(x+t)$年的終值爲 ${}_tr_x$，則${}_tr_x$可視爲在$(x+t)$年所得的生贈金，其在x年的現值爲${}_tr_x\cdot{}_tE_x$，則應與保險金1元，t年定期保險的躉繳純保費相等，則

$$A'_{x:\overline{t|}}={}_tr_x\cdot{}_tE_x$$

得 $${}_tr_x=\frac{A'_{x:\overline{t|}}}{{}_tE_x}$$

$$=\frac{\dfrac{M_x-M_{x+t}}{D_x}}{\dfrac{D_{x+t}}{D_x}}$$

$$=\frac{M_x-M_{x+t}}{D_{x+t}}$$

則以過去法所計算在$(x+t)$年末準備金爲

$${}_tv_x=P\cdot{}_tU_x-{}_tr_x$$

$$=P\cdot\frac{N_x-N_{x+t}}{D_{x+t}}-\frac{M_x-M_{x+t}}{D_{x+t}} \qquad (7.11)$$

(7.11)式中的P是任何一種保險的年繳純保費。若所投保的是終身保險且全期繳納，則$P=P_x=M_x/N_x$；若是n年定期保險且全期繳納，則$P=P'_{x:\overline{n|}}=(M_x-M_{x+n})/(N_x-N_{x+n})$；若為$n$期養老保險且全期繳納，則$P=P_{x:\overline{n|}}=(M_x-M_{x+n}+D_{x+n})/(N_x-N_{x+n})$。以上所列出的$P$皆為全期年繳保費，若為限期繳或躉繳保費，只需從上一節找出相對應的公式即可。

例1　被保險人現年30歲，投保一25年10,000元養老保險，但只想前15年繳費，求保險公司在第10年末應提存準備金多少？設利率為2.5%。

解：　依題意：$x=30$，$n=25$，$m=15$，$k=10$，$R=10{,}000$，則年繳純保費為

$$P=10{,}000\cdot{}_mP_{x:\overline{n|}}=10{,}000\cdot\frac{M_x-M_{x+n}+D_{x+n}}{N_x-N_{x+m}}$$

$$=10{,}000\cdot\frac{M_{30}-M_{55}+D_{55}}{N_{30}-N_{45}}$$

$$=10{,}000\frac{1{,}706{,}575.6773-1{,}338{,}046.9045+2{,}142{,}402.4988}{115{,}337{,}741.8645-58{,}927{,}803.0828}$$

$$=445.12\text{（元）}$$

提存準備金依(7.11)式為

$${}_tV_x={}_{10}V_{30}=P\cdot\frac{N_x-N_{x+t}}{D_{x+t}}-R\cdot\frac{M_x-M_{x+t}}{D_{x+t}}$$

$$=P\cdot\frac{N_{30}-N_{40}}{D_{40}}-R\cdot\frac{M_{30}-M_{40}}{D_{40}}$$

$$=445.12\cdot\frac{115{,}337{,}741.8645-75{,}194{,}899.1714}{3{,}441{,}765.0620}$$

$$-10{,}000\cdot\frac{1{,}706{,}575.6773-1{,}607{,}743.1688}{3{,}441{,}765.0620}$$

$$=4{,}904.48\text{（元）}$$

㈡將來法：

從未來預期賠償的保險金現值減去未來預期收取的保險費現值，即爲年末準備金。茲因有不同的保險型式及繳費型態，故在此一一列出其公式。設現年x歲之人投保之保險金額爲1元，求第$(x+t)$年末的準備金。

(A)躉繳保費：由於保險費已於x歲時一次繳清，故準備金無需減去未付保險費之現值，只有未來預期賠償的保險金現值的部份。

(i)普通終身保險

$$_tV_x=A_{x+t} \tag{7.12}$$

(ii)n年定期保險

$$_tV'_{x:\overline{n|}}=A_{x+t:\overline{n-t|}} \tag{7.13}$$

(iii)n年養老保險

$$_tV_{x:\overline{n|}}=A_{x+t:\overline{n-t|}} \tag{7.14}$$

(B)全期繳保費：

(i)普通終身保險

$${}_tV_x = A_{x+t} - P_x \cdot \ddot{a}_{x+t} \tag{7.15}$$

(ii) n年定期保險

$${}_tV'_{x:\overline{n|}} = A'_{x+t:\overline{n-t|}} - P'_{x:\overline{n|}} \cdot \ddot{a}_{x+t:\overline{n-t|}} \tag{7.16}$$

(iii) n年養老保險

$${}_tV_{x:\overline{n|}} = A_{x+t:\overline{n-t|}} - P_{x:\overline{n|}} \cdot \ddot{a}_{x+t:\overline{n-t|}} \tag{7.17}$$

(C)限期繳保費：保險費只在訂定保險契約前m年繳納，需考慮下列二種狀況：

(a) $m \geq t$,保險費的繳納次數大於t,準備金的計算則仍有未繳保險費的現值必須扣除。

(i)普通終身保險

$${}_{t:\,m}V_x = A_{x+t} - {}_mP_x \cdot \ddot{a}_{x+t:\overline{m-t|}} \tag{7.18}$$

(ii) n年定期保險($m \leq n$)

$${}_{t:\,m}V'_{x:\overline{n|}} = A'_{x+t:\overline{n-t|}} - {}_mP'_{x:\overline{n|}} \cdot \ddot{a}_{x+t:\overline{m-t|}} \tag{7.19}$$

(iii) n年養老保險　($m \leq n$)

$${}_{t:\,m}V_{x:\overline{n|}} = A_{x+t:\overline{n-t|}} - {}_mP_{x:\overline{n|}} \cdot \ddot{a}_{x+t:\overline{m-t|}} \tag{7.20}$$

(b) $m < t$, 保險費繳納次數小於t，則準備金只剩下未來預期賠償保險金之現值。故三種保險在$(x+t)$年的準備金分別為

$${}_{t:\,m}V_x = A_{x+t} \tag{7.21}$$

$$_{t:\,m}V'_{x:\,\overline{n}|}=A'_{x+t:\,\overline{n-t}|} \tag{7.22}$$

$$_{t:\,m}V_{x:\,\overline{n}|}=A_{x+t:\,\overline{n-t}|} \tag{7.23}$$

例2 被保險人現年40歲，購買一保險額五萬元的保險，若利率爲2.5%，試求在第20保單年末之準備金

(i)躉繳普通終身保險

(ii)前28年繳費的35年定期保險

(iii)全期繳24年養老保險

解： 依題意：$x=40,\ t=20,\ R=50{,}000,\ i=2.5\%$

(i)由(7.12)式得

$$\begin{aligned}{}_tV_x={}_{20}V_{40}&=R\cdot A_{x+t}\\&=R\cdot A_{60}\\&=50{,}000\cdot\frac{M_{60}}{D_{60}}\\&=50{,}000\cdot\frac{1{,}187{,}445.1491}{1{,}749{,}787.7198}\\&=33{,}931.12\ (\text{元})\end{aligned}$$

(ii)依(7.19)式，且$m=28,\ n=35$　得

$$\begin{aligned}{}_{t:\,m}V'_{x:\,\overline{n}|}&={}_{20:28}V'_{40:\,\overline{35}|}\\&=R(A'_{x+t:\,\overline{n-t}|}-{}_mP'_{x:\overline{n}|}\cdot\ddot{a}_{x+t:\,\overline{m-t}|})\\&=R(A'_{60:\,\overline{15}|}-{}_{28}P'_{40:\overline{35}|}\cdot\ddot{a}_{60:\,\overline{8}|})\\&=50{,}000\left(\frac{M_{60}-M_{75}}{D_{60}}-\frac{M_{60}-M_{75}}{N_{40}-N_{68}}\cdot\frac{N_{60}-N_{68}}{D_{60}}\right)\\&=50{,}000\left[\frac{1{,}187{,}445.1491-532{,}418.0938}{1{,}749{,}787.7198}\cdot\right.\end{aligned}$$

$$\left(1-\frac{23{,}056{,}044.9677-11{,}205{,}934.2257}{75{,}194{,}899.1714-11{,}205{,}934.2257}\right)\Big]$$

$$=15{,}251.07\ (元)$$

(iii)依(7.17)，且$n=24$，則

$$_{t}V_{x:\,\overline{n}|}={}_{20}V_{40:\,\overline{24}|}$$

$$=R\left(A_{x+t:\,\overline{n-t}|}-P_{x:\overline{n}|}\cdot \ddot{a}_{x+t:\,\overline{n-t}|}\right)$$

$$=R(A_{60:\,\overline{4}|}-P_{40:\overline{24}|}\cdot \ddot{a}_{60:\,\overline{4}|})$$

$$=50{,}000\left(\frac{M_{60}-M_{64}+D_{64}}{D_{60}}-\frac{M_{40}-M_{64}+D_{64}}{N_{40}-N_{64}}\cdot\frac{N_{60}-N_{64}}{D_{60}}\right)$$

$$=50{,}000\left(\frac{1{,}187{,}445.1491-1{,}039{,}235.4808+1{,}442{,}162.1578}{1{,}749{,}787.7198}-\frac{1{,}607{,}743.1688-1{,}039{,}235.4808+1{,}442{,}162.1578}{75{,}194{,}899.1714-16{,}519{,}994.7531}\cdot\frac{23{,}056{,}044.9677-16{,}519{,}994.7531}{1{,}749{,}787.7198}\right)$$

$$=39{,}044.58\ (元)$$

本節準備金之提存只考慮純保費部份。除純保費外，保險公司要求的保費中尚需包含契約費用、維持費用，即所謂的附加保險費。這種保險費所提存的準備金稱之爲修正準備金 (Modified Reserve)，在此不繼續討論，有興趣的同學可找相關書籍參考。

習　題

§7.1　人壽保險的意義與種類

§7.2　純保費之計算

設習題中的利率爲2.5%，CSO表可適用之。

1. 某君現年37歲，購買一普通終身保險十萬元，試求躉繳純保費爲若干?
2. 王先生現年42歲，投保一普通終身保險一百萬元，試求契約訂定時，一次得繳清的保費爲多少？若約定每年初繳交保費，問每年應交多少元?
3. 張先生考慮購買一終身保險五十萬元，希望從現在開始繳納保費，共繳15年，試求每年應繳純保費爲多少？現張先生是35歲。
4. 某君現40歲，已知其投保一20年限期終身保險，躉繳純保費爲5,330元，試求保險額?
5. 曾先生現年48歲，已知其購買一終身保險，全期年繳純保費爲420元，試問此保險額爲若干?
6. 某君現年48歲，投保一20年定期保險15,000元，試求躉繳純保費?
7. 陳先生購買一25年定期保險二十萬元，試求年保費爲多少？若陳先生現年40歲，且

(i)分25年來繳納。

(ii)只繳交前10年。

8.謝先生本來購買一終身保險，保費全期繳納。若其想轉換成一15年定期保險五十萬元，保費亦全期繳交。假設二種保險每年所繳納的保費相同，試問原來終身保險的保險額為多少？謝先生現已50歲。

9.某君現年32歲，投保一25年養老保險三十萬元，試求躉繳純保費？

10.某君現年45歲，購買一30年養老保險十萬元，試求年繳保費為多少？若

(i)全期繳納。

(ii)18年限期繳納。

11.某君現年38歲投保一養老保險。已知其全期繳納年純保費為350元，試問保險額為若干？

§7.3 責任準備金意義與計算

12.試求保險在下列各年齡之自然保費，若保險額為50,000元。

(i)8歲

(ii)28歲

(iii)48歲

13.試證

(i) $_{t}V_{x:\overline{n|}}=1-\dfrac{\ddot{a}_{x+t:\overline{n-t|}}}{\ddot{a}_{x:\overline{n|}}}$

(ii) $_{t}V_{x}=1-\dfrac{\ddot{a}_{x+t}}{\ddot{a}_{x}}$

(iii) ${}_tV'_{x:\overline{n}|}=(P'_{x+t:\overline{n-t}|}-P'_{x:\overline{n}|})a_{x+t:\overline{n-t}|}$

14. 某君現年20歲，購買一保險其保險金爲十萬元，試問在第20年末的責任準備金爲多少？試以過去法求之，若此保險爲

(i)普通終身保險

(ii)全期終身保險

(iii)10年限期終身保險

(iv)18年繳費35年定期保險

(v)40年定期保險

(vi)35年養老保險

(vii)15年限期養老保險

15. 試利用將來法分別計算第14題的準備金。

16. 某君現年36歲，購買一25年養老保險十五萬元，試問在第10年的責任準備金爲多少？

(i)第10年末時。

(ii)第10年初。

(iii)第10年中。

附　表

(A) 各種利率的$a_{\overline{n}|i}$，$s_{\overline{n}|i}$等表格

(B) 臺灣壽險業第三回經驗生命表(男)

(C) 臺灣壽險業第三回經驗生命表(女)

(D) CSO表

(E) CSO表

附表（A）

A−1

$i=\frac{1}{2}\%$

n	v^n	$(1+i)^n$	$a_{\overline{n}\vert}$	$s_{\overline{n}\vert}$	$1/s_{\overline{n}\vert}$
1	.99502	1.00500	.9950	1.0000	1.000000
2	.99007	1.01003	1.9851	2.0050	.498753
3	.98515	1.01508	2.9702	3.0150	.331672
4	.98025	1.02015	3.9505	4.0301	.248133
5	.97537	1.02525	4.9259	5.0503	.198010
6	.97052	1.03038	5.8964	6.0755	.164595
7	.96569	1.03553	6.8621	7.1059	.140729
8	.96089	1.04071	7.8230	8.1414	.122829
9	.95610	1.04591	8.7791	9.1821	.108907
10	.95135	1.05114	9.7034	10.2280	.097771
11	.94661	1.05640	10.6770	11.2792	.088659
12	.94191	1.06168	11.6189	12.3356	.081066
13	.93722	1.06699	12.5562	13.3972	.074642
14	.93256	1.07232	13.4887	14.4642	.069136
15	.92792	1.07768	14.4166	15.5365	.064364
16	.92330	1.08307	15.3399	16.6142	.060189
17	.91871	1.08849	16.2586	17.6973	.056506
18	.91414	1.09393	17.1728	18.7858	.053232
19	.90959	1.09940	18.0824	19.8797	.050303
20	.90506	1.10490	18.9874	20.9791	.047666
21	.90056	1.11042	19.8880	22.0840	.045282
22	.89608	1.11597	20.7841	23.1944	.043114
23	.89162	1.12155	21.6757	24.3104	.041135
24	.88719	1.12716	22.5629	25.4320	.039321
25	.88277	1.13280	23.4456	26.5591	.037652
26	.87838	1.13846	24.3240	27.6919	.036112
27	.87401	1.14415	25.1980	28.8304	.034686
28	.86966	1.14987	26.0677	29.9745	.033362
29	.86533	1.15562	26.9330	31.1244	.032129
30	.86103	1.16140	27.7941	32.2800	.030979
31	.85675	1.16721	28.6508	33.4414	.029903
32	.85248	1.17304	29.5033	34.6086	.028895
33	.84824	1.17891	30.3515	35.7817	.027947
34	.84402	1.18480	31.1955	36.9606	.027056
35	.83982	1.19073	32.0354	38.1454	.026215
36	.83564	1.19668	32.8710	39.3361	.025422
37	.83149	1.20266	33.7025	40.5328	.024671
38	.82735	1.20868	34.5299	41.7354	.023960
39	.82323	1.21472	35.3531	42.9441	.023286
40	.81914	1.22079	36.1722	44.1588	.022646
41	.81506	1.22690	36.9873	45.3796	.022036
42	.81101	1.23303	37.7983	46.6065	.021456
43	.80697	1.23920	38.6053	47.8396	.020903
44	.80296	1.24539	39.4082	49.0788	.020375
45	.79896	1.25162	40.2072	50.3242	.019871
46	.79199	1.25788	41.0022	51.5758	.019389
47	.79103	1.26417	41.7932	52.8337	.018927
48	.78710	1.27049	42.5803	54.0978	.018485
49	.78318	1.27684	43.3635	55.3683	.018061
50	.77929	1.28323	44.1428	56.6452	.017654

A−2

$i=\frac{3}{4}\%$

n	v^n	$(1+i)^n$	$a_{\overline{n}\rceil}$	$s_{\overline{n}\rceil}$	$1/s_{\overline{n}\rceil}$
1	.99256	1.00750	.9926	1.0000	1.000000
2	.98517	1.01506	1.9777	2.0075	.498132
3	.97783	1.02267	2.9556	3.0226	.330846
4	.97055	1.03034	3.9261	4.0452	.247205
5	.96333	1.03807	4.8894	5.0756	.197022
6	.95616	1.04585	5.8456	6.1136	.163569
7	.94904	1.05370	6.7946	7.1595	.139675
8	.94198	1.06160	7.7366	8.2132	.121756
9	.93496	1.06956	8.6716	9.2748	.107819
10	.92800	1.07758	9.5996	10.3443	.096671
11	.92109	1.08566	10.5207	11.4219	.087551
12	.91424	1.09381	11.4349	12.5076	.079951
13	.90743	1.10201	12.3423	13.6014	.073522
14	.90068	1.11028	13.2430	14.7034	.068012
15	.89397	1.11860	14.1370	15.8137	.063236
16	.88732	1.12699	15.0243	16.9323	.059059
17	.88071	1.13544	15.9050	18.0593	.055373
18	.87416	1.14396	16.7792	19.1947	.052098
19	.86765	1.15254	17.6468	20.3387	.049167
20	.86119	1.16118	18.5080	21.4912	.046531
21	.85478	1.16989	19.3628	22.6528	.044145
22	.84842	1.17867	20.2112	23.8223	.041977
23	.84210	1.18751	21.0533	25.0010	.039998
24	.83583	1.19641	21.8891	26.1885	.038185
25	.82961	1.20539	22.7188	27.3849	.036516
26	.82343	1.21443	23.5422	28.5903	.034977
27	.81730	1.22354	24.3595	29.8047	.033552
28	.81122	1.23271	25.1707	31.0282	.032229
29	.80518	1.24196	25.9759	32.2609	.030997
30	.79919	1.25127	26.7751	33.5029	.029848
31	.79324	1.26066	27.5683	34.7542	.028774
32	.78733	1.27011	28.3557	36.0148	.027766
33	.78147	1.27964	29.1371	37.2849	.026820
34	.77565	1.28923	29.9128	38.5646	.025931
35	.76988	1.29890	30.6827	39.8538	.025092
36	.76415	1.30865	31.4468	41.1527	.024300
37	.75846	1.31846	32.2053	42.4614	.023551
38	.75281	1.32835	32.9581	43.7798	.022842
39	.74721	1.33831	33.7053	45.1082	.022169
40	.74165	1.34835	34.4469	46.4465	.021530
41	.73613	1.35846	35.1831	47.7948	.020923
42	.73065	1.36865	35.9137	49.1533	.020345
43	.72521	1.37891	36.6389	50.5219	.019793
44	.71981	1.38926	37.3587	51.9009	.019268
45	.71445	1.39968	38.0732	53.2901	.018765
46	.70913	1.41017	38.7823	54.6898	.018285
47	.70385	1.42075	39.4862	56.1000	.017825
48	.69861	1.43141	40.1848	57.5207	.017385
49	.69341	1.44214	40.8782	58.9521	.016963
50	.68825	1.45296	41.5664	60.3943	.016558

A−3

i=1%

n	v^n	$(1+i)^n$	$a_{\overline{n}\vert}$	$s_{\overline{n}\vert}$	$1/s_{\overline{n}\vert}$
1	.99010	1.01000	.9901	1.0000	1.000000
2	.98030	1.02010	1.9704	2.0100	.497512
3	.97059	1.03030	2.9410	3.0301	.330022
4	.96098	1.04060	3.9020	4.0604	.246281
5	.95147	1.05101	4.8534	5.1010	.196040
6	.94205	1.06152	5.7955	6.1520	.162548
7	.93272	1.07214	6.7282	7.2135	.138628
8	.92348	1.08286	7.6517	8.2857	.120690
9	.91434	1.09369	8.5660	9.3685	.106740
10	.90529	1.10462	9.4713	10.4622	.095582
11	.89632	1.11567	10.3676	11.5668	.086454
12	.88745	1.12683	11.2551	12.6825	.078849
13	.87866	1.13809	12.1337	13.8093	.072415
14	.86996	1.14947	13.0037	14.9474	.066901
15	.86135	1.16097	13.8651	16.0969	.062124
16	.85282	1.17258	14.7179	17.2579	.057945
17	.84438	1.18430	15.5623	18.4304	.054258
18	.83602	1.19615	16.3983	19.6147	.050982
19	.82774	1.20811	17.2260	20.8109	.048052
20	.81954	1.22019	18.0456	22.0190	.045415
21	.81143	1.23239	18.8570	23.2392	.043031
22	.80340	1.24472	19.6604	24.4716	.040864
23	.79544	1.25716	20.4558	25.7163	.038886
24	.78757	1.26973	21.2434	26.9735	.037073
25	.77977	1.28243	22.0232	28.2432	.035407
26	.77205	1.29526	22.7952	29.5256	.033869
27	.76440	1.30821	23.5596	30.8209	.032446
28	.75684	1.32129	24.3164	32.1291	.031124
29	.74934	1.33450	25.0658	33.4504	.029895
30	.74192	1.34785	25.8077	34.7849	.028748
31	.73458	1.36133	26.5423	36.1327	.027676
32	.72730	1.37494	27.2696	37.4941	.026671
33	.72010	1.38869	27.9897	38.8690	.025727
34	.71297	1.40258	28.7027	40.2577	.024840
35	.70591	1.41660	29.4086	41.6603	.024004
36	.69892	1.43077	30.1075	43.0769	.023214
37	.69200	1.44508	30.7995	44.5076	.022468
38	.68515	1.45953	31.4847	45.9527	.021761
39	.67837	1.47412	32.1630	47.4123	.021092
40	.67165	1.48886	32.8347	48.8864	.020456
41	.66500	1.50375	33.4997	50.3752	.019851
42	.65842	1.51879	34.1581	51.8790	.019276
43	.65190	1.53398	34.8100	53.3978	.018727
44	.64545	1.54932	35.4555	54.9318	.018204
45	.63906	1.56481	36.0945	56.4811	.017705
46	.63273	1.58046	36.7272	58.0459	.017228
47	.62646	1.59626	37.3537	59.6263	.016771
48	.62026	1.61223	37.9740	61.2226	.016334
49	.61412	1.62835	38.5881	62.8348	.015915
50	.60804	1.64463	39.1961	64.4632	.015513

$A-4$

$i=1\frac{1}{4}\%$

n	v^n	$(1+i)^n$	$a_{\overline{n}\rceil}$	$s_{\overline{n}\rceil}$	$1/s_{\overline{n}\rceil}$
1	.98765	1.01250	.9877	1.0000	1.000000
2	.97546	1.02516	1.9631	2.0125	.496894
3	.96342	1.03797	2.9265	3.0377	.329201
4	.95152	1.05095	3.8781	4.0756	.245361
5	.93978	1.06408	4.8178	5.1266	.195062
6	.92817	1.07738	5.7460	6.1907	.161534
7	.91672	1.09085	6.6627	7.2680	.137589
8	.90540	1.10449	7.5681	8.3589	.119633
9	.89422	1.11829	8.4623	9.4634	.105671
10	.88318	1.13227	9.3455	10.5817	.094503
11	.87228	1.14642	10.2178	11.7139	.085368
12	.86151	1.16075	11.0793	12.8604	.077758
13	.85087	1.17526	11.9302	14.0211	.071321
14	.84037	1.18995	12.7706	15.1964	.065805
15	.82999	1.20483	13.6005	16.3863	.061026
16	.81975	1.21989	14.4203	17.5912	.056847
17	.80963	1.23514	15.2299	18.8111	.053160
18	.79963	1.25058	16.0295	20.0462	.049885
19	.78976	1.26621	16.8193	21.2968	.046955
20	.78001	1.28204	17.5993	22.5630	.044320
21	.77038	1.29806	18.3697	23.8450	.041938
22	.76087	1.31429	19.1306	25.1431	.039772
23	.75147	1.33072	19.8820	26.4574	.037797
24	.74220	1.34735	20.6242	27.7881	.035987
25	.73303	1.36419	21.3573	29.1354	.034322
26	.72398	1.38125	22.0813	30.4996	.032787
27	.71505	1.39851	22.7963	31.8809	.031367
28	.70622	1.41599	23.5025	33.2794	.030049
29	.69750	1.43369	24.2000	34.6954	.028822
30	.68889	1.45161	24.8889	36.1291	.027679
31	.68038	1.46976	25.5693	37.5807	.026609
32	.67198	1.48813	26.2413	39.0504	.025608
33	.66369	1.50673	26.9050	40.5386	.024668
34	.65549	1.52557	27.5605	42.0453	.023784
35	.64740	1.54464	28.2079	43.5709	.022951
36	.63941	1.56394	28.8473	45.1155	.022165
37	.63152	1.58349	29.4788	46.6794	.021423
38	.62372	1.60329	30.1025	48.2629	.020720
39	.61602	1.62333	30.7185	49.8662	.020054
40	.60841	1.64362	31.3269	51.4896	.019421
41	.60090	1.66416	31.9278	53.1332	.018821
42	.59348	1.68497	32.5213	54.7973	.018249
43	.58616	1.70603	33.1075	56.4823	.017705
44	.57892	1.72735	33.6864	58.1883	.017186
45	.57177	1.74895	34.2582	59.9157	.016690
46	.56471	1.77081	34.8229	61.6646	.016217
47	.55774	1.79294	35.3806	63.4354	.015764
48	.55086	1.81535	35.9315	65.2284	.015331
49	.54406	1.83805	36.4755	67.0437	.014916
50	.53734	1.86102	37.0129	68.8818	.014518

A－5

$i=1\frac{1}{2}\%$

n	v^n	$(1+i)^n$	$a_{\overline{n}\vert}$	$s_{\overline{n}\vert}$	$1/s_{\overline{n}\vert}$
1	.98522	1.01500	.9852	1.0000	1.000000
2	.97066	1.03023	1.9559	2.0150	.496278
3	.95632	1.04568	2.9122	3.0452	.328383
4	.94218	1.06136	3.8544	4.0909	.244445
5	.92826	1.07728	4.7826	5.1523	.194089
6	.91454	1.09344	5.6972	6.2296	.160525
7	.90103	1.10984	6.5982	7.3230	.136556
8	.88771	1.12649	7.4859	8.4328	.118584
9	.87459	1.14339	8.3605	9.5593	.104610
10	.86167	1.16054	9.2222	10.7027	.093434
11	.84893	1.17795	10.0711	11.8633	.084294
12	.83639	1.19562	10.9076	13.0412	.076680
13	.82403	1.21355	11.7315	14.2368	.070240
14	.81185	1.23176	12.5434	15.4504	.064723
15	.79985	1.25023	13.3432	16.6821	.059944
16	.78803	1.26899	14.1313	17.9324	.055765
17	.77639	1.28802	14.9076	19.2014	.052080
18	.76491	1.30734	15.6726	20.4894	.048806
19	.75361	1.32695	16.4262	21.7967	.045878
20	.74247	1.34686	17.1686	23.1237	.043246
21	.73150	1.36706	17.9001	24.4705	.040865
22	.72069	1.38756	18.6208	25.8376	.038703
23	.71004	1.40838	19.3309	27.2251	.036731
24	.69954	1.42950	20.0304	28.6335	.034924
25	.68921	1.45095	20.7196	30.0630	.033263
26	.67902	1.47271	21.3986	31.5140	.031732
27	.66899	1.49480	22.0676	32.9867	.030315
28	.65910	1.51722	22.7267	34.4815	.029001
29	.64936	1.53998	23.3761	35.9987	.027779
30	.63976	1.56308	24.0158	37.5387	.026639
31	.63031	1.58653	24.6461	39.1018	.025574
32	.62099	1.61032	25.2671	40.6883	.024577
33	.61182	1.63448	25.8790	42.2986	.023641
34	.60277	1.65900	26.4817	43.9331	.022762
35	.59387	1.68388	27.0756	45.5921	.021934
36	.58509	1.70914	27.6607	47.2760	.021152
37	.57644	1.73478	28.2371	48.9851	.020414
38	.56792	1.76080	28.8051	50.7199	.019716
39	.55953	1.78721	29.3646	52.4807	.019055
40	.55126	1.81402	29.9158	54.2679	.018427
41	.54312	1.84123	30.4590	56.0819	.017831
42	.53509	1.86885	30.9941	57.9231	.017264
43	.52718	1.89688	31.5212	59.7920	.016725
44	.51939	1.92533	32.0406	61.6889	.016210
45	.51171	1.95421	32.5523	63.6142	.015720
46	.50415	1.98353	33.0565	65.5684	.015251
47	.49670	2.01328	33.5532	67.5519	.014803
48	.48936	2.04348	34.0426	69.5652	.014375
49	.48213	2.07413	34.5247	71.6087	.013965
50	.47500	2.10524	34.9997	73.6828	.013572

A−6

$i=1\frac{3}{4}\%$

n	v^n	$(1+i)^n$	$a_{\overline{n}\mid}$	$s_{\overline{n}\mid}$	$1/s_{\overline{n}\mid}$
1	.98280	1.01750	.9828	1.0000	1.000000
2	.96590	1.03531	1.9487	2.0175	.495663
3	.94929	1.05342	2.8980	3.0528	.327567
4	.93296	1.07186	3.8309	4.1062	.243532
5	.91691	1.09062	4.7479	5.1781	.193121
6	.90114	1.10970	5.6490	6.2687	.159523
7	.88564	1.12912	6.5346	7.3784	.135531
8	.87041	1.14888	7.4051	8.5075	.117543
9	.85544	1.16899	8.2605	9.6564	.103558
10	.84073	1.18944	9.1012	10.8254	.092375
11	.82627	1.21026	9.9275	12.0148	.083230
12	.81206	1.23144	10.7395	13.2251	.075614
13	.79809	1.25299	11.5376	14.4505	.069173
14	.78436	1.27492	12.3220	15.7095	.063656
15	.77087	1.29723	13.0929	16.9844	.058877
16	.75762	1.31993	13.8505	18.2817	.054700
17	.74459	1.34303	14.5951	19.6016	.051016
18	.73178	1.36653	15.3269	20.9446	.047745
19	.71919	1.39045	16.0461	22.3112	.044821
20	.70682	1.41478	16.7529	23.7016	.042191
21	.69467	1.43954	17.4475	25.1164	.039815
22	.68272	1.46473	18.1303	26.5559	.037656
23	.67098	1.49036	18.8012	28.0207	.035688
24	.65944	1.51644	19.4607	29.5110	.033886
25	.64810	1.54298	20.1088	31.0275	.032230
26	.63695	1.56998	20.7457	32.5704	.030703
27	.62599	1.59746	21.3717	34.1404	.029291
28	.61523	1.62541	21.9870	35.7379	.027982
29	.60465	1.65386	22.5916	37.3633	.026764
30	.59425	1.68280	23.1858	39.0172	.025630
31	.58403	1.71225	23.7699	40.7000	.024570
32	.57398	1.74221	24.3439	42.4122	.023578
33	.56411	1.77270	24.9080	44.1544	.022648
34	.55441	1.80372	25.4624	45.9271	.021774
35	.54487	1.83529	26.0073	47.7308	.020951
36	.53550	1.86741	26.5428	49.5661	.020175
37	.52629	1.90009	27.0690	51.4335	.019443
38	.51724	1.93334	27.5863	53.3336	.018750
39	.50834	1.96717	28.0946	55.2670	.018094
40	.49960	2.00160	28.5942	57.2341	.017472
41	.49101	2.03663	29.0852	59.2357	.016882
42	.48256	2.07227	29.5678	61.2724	.016321
43	.47426	2.10853	30.0421	63.3446	.015787
44	.46611	2.14543	30.5082	65.4532	.015278
45	.45809	2.18298	30.9663	67.5986	.014793
46	.45021	2.22118	31.4165	69.7816	.014330
47	.44247	2.26005	31.8589	72.0027	.013888
48	.43486	2.29960	32.2938	74.2628	.013466
49	.42738	2.33984	32.7212	76.5624	.013061
50	.42003	2.38079	33.1412	78.9022	.012674

A−7

$i=2\%$

n	v^n	$(1+i)^n$	$a_{\overline{n}\vert}$	$s_{\overline{n}\vert}$	$1/s_{\overline{n}\vert}$
1	.98039	1.02000	.9804	1.0000	1.000000
2	.96117	1.04040	1.9416	2.0200	.495050
3	.94232	1.06121	2.8839	3.0604	.326755
4	.92385	1.08243	3.8077	4.1216	.242624
5	.90573	1.10408	4.7135	5.2040	.192158
6	.88797	1.12616	5.6014	6.3081	.158526
7	.87056	1.14869	6.4720	7.4343	.134512
8	.85349	1.17166	7.3255	8.5830	.116510
9	.83676	1.19509	8.1622	9.7546	.102515
10	.82035	1.21899	8.9826	10.9497	.091327
11	.80426	1.24337	9.7868	12.1687	.082178
12	.78849	1.26824	10.5753	13.4121	.074560
13	.77303	1.29361	11.3484	14.6803	.068118
14	.75788	1.31948	12.1062	15.9739	.062602
15	.74301	1.34587	12.8493	17.2934	.057825
16	.72845	1.37279	13.5777	18.6393	.053650
17	.71416	1.40024	14.2919	20.0121	.049970
18	.70016	1.42825	14.9920	21.4123	.046702
19	.68643	1.45681	15.6785	22.8406	.043782
20	.67297	1.48595	16.3514	24.2974	.041157
21	.65978	1.51567	17.0112	25.7833	.038785
22	.64684	1.54598	17.6580	27.2990	.036631
23	.63416	1.57690	18.2922	28.8450	.034668
24	.62172	1.60844	18.9139	30.4219	.032871
25	.60953	1.64061	19.5235	32.0303	.031220
26	.59758	1.67342	20.1210	33.6709	.029699
27	.58586	1.70689	20.7069	35.3443	.028293
28	.57437	1.74102	21.2813	37.0512	.026990
29	.56311	1.77584	21.8444	38.7922	.025778
30	.55207	1.81136	22.3965	40.5681	.024650
31	.54125	1.84759	22.9377	42.3794	.023596
32	.53063	1.88454	23.4683	44.2270	.022611
33	.52023	1.92223	23.9886	46.1116	.021687
34	.51003	1.96068	24.4986	48.0338	.020819
35	.50003	1.99989	24.9986	49.9945	.020002
36	.49022	2.03989	25.4888	51.9944	.019233
37	.48061	2.08069	25.9695	54.0343	.018507
38	.47119	2.12230	26.4406	56.1149	.017821
39	.46195	2.16474	26.9026	58.2372	.017171
40	.45289	2.20804	27.3555	60.4020	.016556
41	.44401	2.25220	27.7995	62.6100	.015972
42	.43530	2.29724	28.2348	64.8622	.015417
43	.42677	2.34319	28.6616	67.1595	.014890
44	.41840	2.39005	29.0800	69.5027	.014388
45	.41020	2.43785	29.4902	71.8927	.013910
46	.40215	2.48661	29.8923	74.3306	.013453
47	.39427	2.53634	30.2866	76.8172	.013018
48	.38654	2.58707	30.6731	79.3535	.012602
49	.37896	2.63881	31.0521	81.9406	.012204
50	.37153	2.69159	31.4236	84.5794	.011823

$A-8$

$i=2\frac{1}{4}\%$

n	v^n	$(1+i)^n$	$a_{\overline{n}\rceil}$	$s_{\overline{n}\rceil}$	$1/s_{\overline{n}\rceil}$
1	.97800	1.02250	.9780	1.0000	1.000000
2	.95647	1.04551	1.9345	2.0225	.494438
3	.93543	1.06903	2.8699	3.0680	.325945
4	.91484	1.09308	3.7847	4.1370	.241719
5	.89471	1.11768	4.6795	5.2301	.191200
6	.87502	1.14283	5.5545	6.3478	.157535
7	.85577	1.16854	6.4102	7.4906	.133500
8	.83694	1.19483	7.2472	8.6592	.115485
9	.81852	1.22171	8.0657	9.8540	.101482
10	.80051	1.24920	8.8662	11.0757	.090288
11	.78290	1.27731	9.6491	12.3249	.081137
12	.76567	1.30605	10.4148	13.6022	.073517
13	.74882	1.33544	11.1636	14.9083	.067077
14	.73234	1.36548	11.8959	16.2437	.061562
15	.71623	1.39621	12.6122	17.6092	.056789
16	.70047	1.42762	13.3126	19.0054	.052617
17	.68505	1.45974	13.9977	20.4330	.048940
18	.66998	1.49259	14.6677	21.8928	.045677
19	.65523	1.52617	15.3229	23.3853	.042762
20	.64082	1.56051	15.9637	24.9115	.040142
21	.62672	1.59562	16.5904	26.4720	.037776
22	.61292	1.63152	17.2034	28.0676	.035628
23	.59944	1.66823	17.8028	29.6992	.033671
24	.58625	1.70577	18.3890	31.3674	.031880
25	.57335	1.74415	18.9624	33.0732	.030236
26	.56073	1.78339	19.5231	34.8173	.028721
27	.54839	1.82352	20.0715	36.6007	.027322
28	.53632	1.86454	20.6078	38.4242	.026025
29	.52452	1.90650	21.1323	40.2888	.024821
30	.51298	1.94939	21.6453	42.1953	.023699
31	.50169	1.99325	22.1470	44.1447	.022653
32	.49065	2.03810	22.6377	46.1379	.021674
33	.47986	2.08396	23.1175	48.1760	.020757
34	.46930	2.13085	23.5868	50.2600	.019897
35	.45897	2.17879	24.0458	52.3908	.019087
36	.44887	2.22782	24.4947	54.5696	.018325
37	.43899	2.27794	24.9337	56.7974	.017606
38	.42933	2.32920	25.3630	59.0754	.016928
39	.41989	2.38160	25.7829	61.4046	.016285
40	.41065	2.43519	26.1935	63.7862	.015677
41	.40161	2.48998	26.5951	66.2214	.015101
42	.39277	2.54601	26.9879	68.7113	.014554
43	.38413	2.60329	27.3720	71.2574	.014034
44	.37568	2.66186	27.7477	73.8606	.013539
45	.36741	2.72176	28.1151	76.5225	.013068
46	.35932	2.78300	28.4744	79.2443	.012619
47	.35142	2.84561	28.8259	82.0273	.012191
48	.34369	2.90964	29.1695	84.8729	.011782
49	.33612	2.97511	29.5057	87.7825	.011392
50	.32873	3.04205	29.8344	90.7576	.011018

A-9

$i=2\frac{1}{2}\%$

n	v^n	$(1+i)^n$	$a_{\overline{n}\rceil}$	$s_{\overline{n}\rceil}$	$1/s_{\overline{n}\rceil}$
1	.97561	1.02500	.9756	1.0000	1.000000
2	.95181	1.05063	1.9274	2.0250	.493827
3	.92860	1.07689	2.8560	3.0756	.325137
4	.90595	1.10381	3.7620	4.1525	.240818
5	.88385	1.13141	4.6458	5.2563	.190247
6	.86230	1.15969	5.5081	6.3877	.156550
7	.84127	1.18869	6.3494	7.5474	.132495
8	.82075	1.21840	7.1701	8.7361	.114467
9	.80073	1.24886	7.9709	9.9545	.100457
10	.78120	1.28008	8.7521	11.2034	.089259
11	.76214	1.31209	9.5142	12.4835	.080106
12	.74356	1.34489	10.2578	13.7956	.072487
13	.72542	1.37851	10.9832	15.1404	.066048
14	.70773	1.41297	11.6909	16.5190	.060537
15	.69047	1.44830	12.3814	17.9319	.055766
16	.67362	1.48451	13.0550	19.3802	.051599
17	.65720	1.52162	13.7122	20.8647	.047928
18	.64117	1.55966	14.3534	22.3863	.044670
19	.62553	1.59865	14.9789	23.9460	.041761
20	.61027	1.63862	15.5892	25.5447	.039147
21	.59539	1.67958	16.1845	27.1833	.036787
22	.58086	1.72157	16.7654	28.8629	.034647
23	.56670	1.76461	17.3321	30.5844	.032696
24	.55288	1.80873	17.8850	32.3490	.030913
25	.53939	1.85394	18.4244	34.1578	.029276
26	.52623	1.90029	18.9506	36.0117	.027769
27	.51340	1.94780	19.4640	37.9120	.026377
28	.50088	1.99650	19.9649	39.8598	.025088
29	.48866	2.04641	20.4535	41.8563	.023891
30	.47674	2.09757	20.9303	43.9027	.022778
31	.46511	2.15001	21.3954	46.0003	.021739
32	.45377	2.20376	21.8492	48.1503	.020768
33	.44270	2.25885	22.2919	50.3540	.019859
34	.43191	2.31532	22.7238	52.6129	.019007
35	.42137	2.37321	23.1452	54.9282	.018206
36	.41109	2.43254	23.5563	57.3014	.017452
37	.40107	2.49335	23.9573	59.7339	.016741
38	.39128	2.55568	24.3486	62.2273	.016070
39	.38174	2.61957	24.7303	64.7830	.015436
40	.37243	2.68506	25.1028	67.4026	.014836
41	.36335	2.75219	25.4661	70.0876	.014268
42	.35448	2.82100	25.8206	72.8398	.013729
43	.34584	2.89152	26.1664	75.6608	.013217
44	.33740	2.96381	26.5038	78.5523	.012730
45	.32917	3.03790	26.8330	81.5161	.012268
46	.32115	3.11385	27.1542	84.5540	.011827
47	.31331	3.19170	27.4675	87.6679	.011407
48	.30567	3.27149	27.7732	90.8596	.011006
49	.29822	3.35328	28.0714	94.1311	.010623
50	.29094	3.43711	28.3623	97.4843	.010258

$A-10$

$i=2\frac{3}{4}\%$

n	v^n	$(1+i)^n$	$a_{\overline{n}\mid}$	$s_{\overline{n}\mid}$	$1/s_{\overline{n}\mid}$
1	.97324	1.02750	.9732	1.0000	1.000000
2	.94719	1.05576	1.9204	2.0275	.493218
3	.92184	1.08479	2.8423	3.0833	.324332
4	.89717	1.11462	3.7394	4.1680	.239921
5	.87315	1.14527	4.6126	5.2827	.189298
6	.84978	1.17677	5.4624	6.4279	.155571
7	.82704	1.20913	6.2894	7.6047	.131497
8	.80491	1.24238	7.0943	8.8138	.113458
9	.78336	1.27655	7.8777	10.0562	.099441
10	.76240	1.31165	8.6401	11.3328	.088240
11	.74199	1.34772	9.3821	12.6444	.079086
12	.72213	1.38478	10.1042	13.9921	.071469
13	.70281	1.42287	10.8070	15.3769	.065033
14	.68400	1.46199	11.4910	16.7998	.059525
15	.66569	1.50220	12.1567	18.2618	.054759
16	.64787	1.54351	12.8046	19.7640	.050597
17	.63053	1.58596	13.4351	21.3075	.046932
18	.61366	1.62957	14.0488	22.8934	.043681
19	.59723	1.67438	14.6460	24.5230	.040778
20	.58125	1.72043	15.2273	26.1974	.038172
21	.56569	1.76774	15.7929	27.9178	.035819
22	.55055	1.81635	16.3435	29.6856	.033686
23	.53582	1.86630	16.8793	31.5019	.031744
24	.52148	1.91763	17.4008	33.3682	.029969
25	.50752	1.97036	17.9083	35.2858	.028340
26	.49394	2.02455	18.4023	37.2562	.026841
27	.48072	2.08022	18.8830	39.2808	.025458
28	.46785	2.13743	19.3508	41.3610	.024177
29	.45533	2.19621	19.8062	43.4984	.022989
30	.44314	2.25660	20.2493	45.6946	.021884
31	.43128	2.31866	20.6806	47.9512	.020855
32	.41974	2.38242	21.1003	50.2699	.019893
33	.40851	2.44794	21.5088	52.6523	.018993
34	.39757	2.51526	21.9064	55.1002	.018149
35	.38693	2.58443	22.2933	57.6155	.017356
36	.37658	2.65550	22.6699	60.1999	.016611
37	.36650	2.72852	23.0364	62.8554	.015910
38	.35669	2.80356	23.3931	65.5839	.015248
39	.34714	2.88066	23.7402	68.3875	.014623
40	.33785	2.95987	24.0781	71.2681	.014032
41	.32881	3.04127	24.4069	74.2280	.013472
42	.32001	3.12491	24.7269	77.2693	.012942
43	.31144	3.21084	25.0384	80.3942	.012439
44	.30311	3.29914	25.3415	83.6050	.011961
45	.29500	3.38986	25.6365	86.9042	.011507
46	.28710	3.48309	25.9236	90.2940	.011075
47	.27942	3.57887	26.2030	93.7771	.010664
48	.27194	3.67729	26.4749	97.3560	.010272
49	.26466	3.77842	26.7396	101.0333	.009898
50	.25758	3.88232	26.9972	104.8117	.009541

A−11

$i=3\%$

n	v^n	$(1+i)^n$	$a_{\overline{n}\rceil}$	$s_{\overline{n}\rceil}$	$1/s_{\overline{n}\rceil}$
1	.97087	1.03000	.9709	1.0000	1.000000
2	.94260	1.06090	1.9135	2.0300	.492611
3	.91514	1.09273	2.8286	3.0909	.323530
4	.88849	1.12551	3.7171	4.1836	.239027
5	.86261	1.15927	4.5797	5.3091	.188355
6	.83748	1.19405	5.4172	6.4684	.154598
7	.81309	1.22987	6.2303	7.6625	.130506
8	.78941	1.26677	7.0197	8.8923	.112456
9	.76642	1.30477	7.7861	10.1591	.098434
10	.74409	1.34392	8.5302	11.4639	.087231
11	.72242	1.38423	9.2526	12.8078	.078077
12	.70138	1.42576	9.9540	14.1920	.070462
13	.68095	1.46853	10.6350	15.6178	.064030
14	.66112	1.51259	11.2961	17.0863	.058526
15	.64186	1.55797	11.9379	18.5989	.053767
16	.62317	1.60471	12.5611	20.1569	.049611
17	.60502	1.65285	13.1661	21.7616	.045953
18	.58739	1.70243	13.7535	23.4144	.042709
19	.57029	1.75351	14.3238	25.1169	.039814
20	.55368	1.80611	14.8775	26.8704	.037216
21	.53755	1.86029	15.4150	28.6765	.034872
22	.52189	1.91610	15.9369	30.5368	.032747
23	.50669	1.97359	16.4436	32.4529	.030814
24	.49193	2.03279	16.9355	34.4265	.029047
25	.47761	2.09378	17.4131	36.4593	.027428
26	.46369	2.15659	17.8768	38.5530	.025938
27	.45019	2.22129	18.3270	40.7096	.024564
28	.43708	2.28793	18.7641	42.9309	.023293
29	.42435	2.35657	19.1885	45.2189	.022115
30	.41199	2.42726	19.6004	47.5754	.021019
31	.39999	2.50008	20.0004	50.0027	.019999
32	.38834	2.57508	20.3888	52.5028	.019047
33	.37703	2.65234	20.7658	55.0778	.018156
34	.36604	2.73191	21.1318	57.7302	.017322
35	.35538	2.81386	21.4872	60.4621	.016539
36	.34503	2.89828	21.8323	63.2759	.015804
37	.33498	2.98523	22.1672	66.1742	.015112
38	.32523	3.07478	22.4925	69.1594	.014459
39	.31575	3.16703	22.8082	72.2342	.013844
40	.30656	3.26204	23.1148	75.4013	.013262
41	.29763	3.35990	23.4124	78.6633	.012712
42	.28896	3.46070	23.7014	82.0232	.012192
43	.28054	3.56452	23.9819	85.4839	.011698
44	.27237	3.67145	24.2543	89.0484	.011230
45	.26444	3.78160	24.5187	92.7199	.010785
46	.25674	3.89504	24.7754	96.5015	.010363
47	.24926	4.01190	25.0247	100.3965	.009961
48	.24200	4.13225	25.2667	104.4084	.009578
49	.23495	4.25622	25.5017	108.5406	.009213
50	.22811	4.38391	25.7298	112.7969	.008865

A−12

$i=3\frac{1}{2}\%$

n	v^n	$(1+i)^n$	$a_{\overline{n}\rceil}$	$s_{\overline{n}\rceil}$	$1/s_{\overline{n}\rceil}$
1	.96618	1.03500	.9662	1.0000	1.000000
2	.93351	1.07123	1.8997	2.0350	.491400
3	.90194	1.10872	2.8016	3.1062	.321934
4	.87144	1.14752	3.6731	4.2149	.237251
5	.84197	1.18769	4.5151	5.3625	.186481
6	.81350	1.22926	5.3286	6.5502	.152668
7	.78599	1.27228	6.1145	7.7794	.128544
8	.75941	1.31681	6.8740	9.0517	.110477
9	.73373	1.36290	7.6077	10.3685	.096446
10	.70892	1.41060	8.3166	11.7314	.085241
11	.68495	1.45997	9.0016	13.1420	.076092
12	.66178	1.51107	9.6633	14.6020	.068484
13	.63940	1.56396	10.3027	16.1130	.062062
14	.61778	1.61896	10.9205	17.6770	.056571
15	.59689	1.67535	11.5174	19.2957	.051825
16	.57671	1.73399	12.0941	20.9710	.047685
17	.55720	1.79468	12.6513	22.7050	.044043
18	.53836	1.85749	13.1897	24.4997	.040817
19	.52016	1.92250	13.7098	26.3572	.037940
20	.50257	1.98979	14.2124	28.2797	.035361
21	.48557	2.05943	14.6980	30.2695	.033037
22	.46915	2.13151	15.1671	32.3289	.030932
23	.45329	2.20611	15.6204	34.4604	.029019
24	.43796	2.28333	16.0584	36.6665	.027273
25	.42315	2.36324	16.4815	38.9499	.025674
26	.40884	2.44596	16.8904	41.3131	.024205
27	.39501	2.53157	17.2854	43.7591	.022852
28	.38165	2.62017	17.6670	46.2906	.021603
29	.36875	2.71188	18.0358	48.9108	.020445
30	.35628	2.80679	18.3920	51.6227	.019371
31	.34423	2.90503	18.7363	54.4295	.018372
32	.33259	3.00671	19.0689	57.3345	.017442
33	.32134	3.11194	19.3902	60.3412	.016572
34	.31048	3.22086	19.7007	63.4532	.015760
35	.29998	3.33359	20.0007	66.6740	.014998
36	.28983	3.45027	20.2905	70.0076	.014284
37	.28003	3.57103	20.5705	73.4579	.013613
38	.27056	3.69601	20.8411	77.0289	.012982
39	.26141	3.82537	21.1025	80.7249	.012388
40	.25257	3.95926	21.3551	84.5503	.011827
41	.24403	4.09783	21.5991	88.5095	.011298
42	.23578	4.24126	21.8349	92.6074	.010798
43	.22781	4.38970	22.0627	96.8486	.010325
44	.22010	4.54334	22.2828	101.2383	.009878
45	.21266	4.70236	22.4955	105.7817	.009453
46	.20547	4.86694	22.7009	110.4840	.009051
47	.19852	5.03728	22.8994	115.3510	.008669
48	.19181	5.21359	23.0912	120.3883	.008306
49	.18532	5.39606	23.2766	125.6013	.007962
50	.17905	5.58493	23.4556	130.9979	.007634

A−13

i=4%

n	v^n	$(1+i)^n$	$a_{\overline{n}\mid}$	$s_{\overline{n}\mid}$	$1/s_{\overline{n}\mid}$
1	.96154	1.04000	.9615	1.0000	1.000000
2	.92456	1.08160	1.8861	2.0400	.490196
3	.88900	1.12486	2.7751	3.1216	.320349
4	.85480	1.16986	3.6299	4.2465	.235490
5	.82193	1.21665	4.4518	5.4163	.184627
6	.79031	1.26532	5.2421	6.6330	.150762
7	.75992	1.31593	6.0021	7.8983	.126610
8	.73069	1.36857	6.7327	9.2142	.108528
9	.70259	1.42331	7.4353	10.5828	.094493
10	.67556	1.48024	8.1109	12.0061	.083291
11	.64958	1.53945	8.7605	13.4864	.074149
12	.62460	1.60103	9.3851	15.0258	.066552
13	.60057	1.66507	9.9856	16.6268	.060144
14	.57748	1.73168	10.5631	18.2919	.054669
15	.55526	1.80094	11.1184	20.0236	.049941
16	.53391	1.87298	11.6523	21.8245	.045820
17	.51337	1.94790	12.1657	23.6975	.042199
18	.49363	2.02582	12.6593	25.6454	.038993
19	.47464	2.10685	13.1339	27.6712	.036139
20	.45639	2.19112	13.5903	29.7781	.033582
21	.43883	2.27877	14.0292	31.9692	.031280
22	.42196	2.36992	14.4511	34.2480	.029199
23	.40573	2.46472	14.8568	36.6179	.027309
24	.39012	2.56330	15.2470	39.0826	.025587
25	.37512	2.66584	15.6221	41.6459	.024012
26	.36069	2.77247	15.9828	44.3117	.022567
27	.34682	2.88337	16.3296	47.0842	.021239
28	.33348	2.99870	16.6631	49.9676	.020013
29	.32065	3.11865	16.9837	52.9663	.018880
30	.30832	3.24340	17.2920	56.0849	.017830
31	.29646	3.37313	17.5885	59.3283	.016855
32	.28506	3.50806	17.8736	62.7015	.015949
33	.27409	3.64838	18.1476	66.2095	.015104
34	.26355	3.79432	18.4112	69.8579	.014315
35	.25342	3.94609	18.6646	73.6522	.013577
36	.24367	4.10393	18.9083	77.5983	.012887
37	.23430	4.26809	19.1426	81.7022	.012240
38	.22529	4.43881	19.3679	85.9703	.011632
39	.21662	4.61637	19.5845	90.4091	.011061
40	.20829	4.80102	19.7928	95.0255	.010523
41	.20028	4.99306	19.9931	99.8265	.010017
42	.19257	5.19278	20.1856	104.8196	.009540
43	.18517	5.40050	20.3708	110.0124	.009090
44	.17805	5.61652	20.5488	115.4129	.008665
45	.17120	5.84118	20.7200	121.0294	.008262
46	.16461	6.07482	20.8847	126.8706	.007882
47	.15828	6.31782	21.0429	132.9454	.007522
48	.15219	6.57053	21.1951	139.2632	.007181
49	.14634	6.83335	21.3415	145.8337	.006857
50	.14071	7.10668	21.4822	152.6671	.006550

$A-14$

$i=4\frac{1}{2}\%$

n	v^n	$(1+i)^n$	$a_{\overline{n}\rvert}$	$s_{\overline{n}\rvert}$	$1/s_{\overline{n}\rvert}$
1	.95694	1.04500	.9569	1.0000	1.000000
2	.91573	1.09203	1.8727	2.0450	.488998
3	.87630	1.14117	2.7490	3.1370	.318773
4	.83856	1.19252	3.5875	4.2782	.233744
5	.80245	1.24618	4.3900	5.4707	.182792
6	.76790	1.30226	5.1579	6.7169	.148878
7	.73483	1.36086	5.8927	8.0192	.124701
8	.70319	1.42210	6.5959	9.3800	.106610
9	.67290	1.48610	7.2688	10.8021	.092574
10	.64393	1.55297	7.9127	12.2882	.081379
11	.61620	1.62285	8.5289	13.8412	.072248
12	.58966	1.69588	9.1186	15.4640	.064666
13	.56427	1.77220	9.6829	17.1599	.058275
14	.53997	1.85194	10.2228	18.9321	.052820
15	.51672	1.93528	10.7395	20.7841	.048114
16	.49447	2.02237	11.2340	22.7193	.044015
17	.47318	2.11338	11.7072	24.7417	.040418
18	.45280	2.20848	12.1600	26.8551	.037237
19	.43330	2.30786	12.5933	29.0636	.034407
20	.41464	2.41171	13.0079	31.3714	.031876
21	.39679	2.52024	13.4047	33.7831	.029601
22	.37970	2.63365	13.7844	36.3034	.027546
23	.36335	2.75217	14.1478	38.9370	.025682
24	.34770	2.87601	14.4955	41.6892	.023987
25	.33273	3.00543	14.8282	44.5652	.022439
26	.31840	3.14068	15.1466	47.5706	.021021
27	.30469	3.28201	15.4513	50.7113	.019719
28	.29157	3.42970	15.7429	53.9933	.018521
29	.27902	3.58404	16.0219	57.4230	.017415
30	.26700	3.74532	16.2889	61.0071	.016392
31	.25550	3.91386	16.5444	64.7524	.015443
32	.24450	4.08998	16.7889	68.6662	.014563
33	.23397	4.27403	17.0229	72.7562	.013745
34	.22390	4.46636	17.2468	77.0303	.012982
35	.21425	4.66735	17.4610	81.4966	.012270
36	.20503	4.87738	17.6660	86.1640	.011606
37	.19620	5.09686	17.8622	91.0413	.010984
38	.18775	5.32622	18.0500	96.1382	.010402
39	.17967	5.56590	18.2297	101.4644	.009856
40	.17193	5.81636	18.4016	107.0303	.009343
41	.16453	6.07810	18.5661	112.8467	.008862
42	.15744	6.35162	18.7235	118.9248	.008409
43	.15066	6.63744	18.8742	125.2764	.007982
44	.14417	6.93612	19.0184	131.9138	.007581
45	.13796	7.24825	19.1563	138.8500	.007202
46	.13202	7.57442	19.2884	146.0982	.006845
47	.12634	7.91527	19.4147	153.6726	.006507
48	.12090	8.27146	19.5356	161.5879	.006189
49	.11569	8.64367	19.6513	169.8594	.005887
50	.11071	9.03264	19.7620	178.5030	.005602

A−15

$i=5\%$

n	v^n	$(1+i)^n$	$a_{\overline{n}\mid}$	$s_{\overline{n}\mid}$	$1/s_{\overline{n}\mid}$
1	.95238	1.05000	.9524	1.0000	1.000000
2	.90703	1.10250	1.8594	2.0500	.487805
3	.86384	1.15763	2.7232	3.1525	.317209
4	.82270	1.21551	3.5460	4.3101	.232012
5	.78353	1.27628	4.3295	5.5256	.180975
6	.74622	1.34010	5.0757	6.8019	.147017
7	.71068	1.40710	5.7864	8.1420	.122820
8	.67684	1.47746	6.4632	9.5491	.104722
9	.64461	1.55133	7.1078	11.0266	.090690
10	.61391	1.62889	7.7217	12.5779	.079505
11	.58468	1.71034	8.3064	14.2068	.070389
12	.55684	1.79586	8.8633	15.9171	.062825
13	.53032	1.88565	9.3936	17.7130	.056456
14	.50507	1.97993	9.8986	19.5986	.051024
15	.48102	2.07893	10.3797	21.5786	.046342
16	.45811	2.18287	10.8378	23.6575	.042270
17	.43630	2.29202	11.2741	25.8404	.038699
18	.41552	2.40662	11.6896	28.1324	.035546
19	.39573	2.52695	12.0853	30.5390	.032745
20	.37689	2.65330	12.4622	33.0660	.030243
21	.35894	2.78596	12.8212	35.7193	.027996
22	.34185	2.92526	13.1630	38.5052	.025971
23	.32557	3.07152	13.4886	41.4305	.024137
24	.31007	3.22510	13.7986	44.5020	.022471
25	.29530	3.38635	14.0939	47.7271	.020952
26	.28124	3.55567	14.3752	51.1135	.019564
27	.26785	3.73346	14.6430	54.6691	.018292
28	.25509	3.92013	14.8981	58.4026	.017123
29	.24295	4.11614	15.1411	62.3227	.016046
30	.23138	4.32194	15.3725	66.4388	.015051
31	.22036	4.53804	15.5928	70.7608	.014132
32	.20987	4.76494	15.8027	75.2988	.013280
33	.19987	5.00319	16.0025	80.0638	.012490
34	.19035	5.25335	16.1929	85.0670	.011755
35	.18129	5.51602	16.3742	90.3203	.011072
36	.17266	5.79182	16.5469	95.8363	.010434
37	.16444	6.08141	16.7113	101.6281	.009840
38	.15661	6.38548	16.8679	107.7095	.009284
39	.14915	6.70475	17.0170	114.0950	.008765
40	.14205	7.03999	17.1591	120.7998	.008278
41	.13528	7.39199	17.2944	127.8398	.007822
42	.12884	7.76159	17.4232	135.2318	.007395
43	.12270	8.14967	17.5459	142.9933	.006993
44	.11686	8.55715	17.6628	151.1430	.006616
45	.11130	8.98501	17.7741	159.7002	.006262
46	.10600	9.43426	17.8801	168.6852	.005928
47	.10095	9.90597	17.9810	178.1194	.005614
48	.09614	10.40127	18.0772	188.0254	.005318
49	.09156	10.92133	18.1687	198.4267	.005040
50	.08720	11.46740	18.2559	209.3480	.004777

附表B　臺灣壽險業第三回經驗生命表(男)

(民國七十一年至民國七十五年)

年齡	生存數	死亡數	死亡率	平均餘命	生存人年數	
x	l_x	d_x	q_x	e_x^0	L_x	T_x
0	10,000,000	102,500	0.010250	69.57	9,948,750	695,748,918
1	9,897,500	23,259	0.002350	69.29	9,885,871	685,800,168
2	9,874,241	15,009	0.001520	68.45	9,866,737	675,914,297
3	9,859,232	9,958	0.001010	67.56	9,854,253	666,047,560
4	9,849,274	7,091	0.000720	66.62	9,845,729	656,193,307
5	9,842,183	5,807	0.000590	65.67	9,839,280	646,347,578
6	9,836,376	5,410	0.000550	64.71	9,833,671	636,508,298
7	9,830,966	5,309	0.000540	63.74	9,828,312	626,674,627
8	9,825,657	5,306	0.000540	62.78	9,823,004	616,846,315
9	9,820,351	5,107	0.000520	61.81	9,817,798	607,023,311
10	9,815,244	4,809	0.000490	60.84	9,812,840	597,205,513
11	9,810,435	4,611	0.000470	59.87	9,808,130	587,392,673
12	9,805,824	4,805	0.000490	58.90	9,803,422	577,584,543
13	9,801,019	5,489	0.000560	57.93	9,798,275	567,781,121
14	9,795,530	7,435	0.000759	56.96	9,791,813	557,982,846
15	9,788,095	10,072	0.001029	56.01	9,783,059	548,191,033
16	9,778,023	13,631	0.001394	55.06	9,771,208	538,407,974
17	9,764,392	18,455	0.001890	54.14	9,755,165	528,636,766
18	9,745,937	19,823	0.002034	53.24	9,736,026	518,881,601
19	9,726,114	20,649	0.002123	52.35	9,715,790	509,145,575
20	9,705,465	21,003	0.002164	51.46	9,694,964	499,429,785
21	9,684,462	20,977	0.002166	50.57	9,673,974	489,734,821
22	9,663,485	20,651	0.002137	49.68	9,653,160	480,060,847
23	9,642,834	20,105	0.002085	48.78	9,632,782	470,407,687
24	9,622,729	19,428	0.002019	47.88	9,613,015	460,774,905
25	9,603,301	18,707	0.001948	46.98	9,593,948	451,161,890
26	9,584,594	18,038	0.001882	46.07	9,575,575	441,567,942
27	9,566,556	17,507	0.001830	45.16	9,557,803	431,992,367
28	9,549,049	17,179	0.001799	44.24	9,540,460	422,434,564
29	9,531,870	17,091	0.001793	43.32	9,523,325	412,894,104
30	9,514,779	17,250	0.001813	42.39	9,506,154	403,370,779
31	9,497,529	17,684	0.001862	41.47	9,488,687	393,864,625
32	9,479,845	18,400	0.001941	40.55	9,470,645	384,375,938
33	9,461,445	19,405	0.002051	39.62	9,451,743	374,905,293
34	9,442,040	20,678	0.002190	38.70	9,431,701	365,453,550
35	9,421,362	22,178	0.002354	37.79	9,410,273	356,021,849
36	9,399,184	23,865	0.002539	36.88	9,387,252	346,611,576
37	9,375,319	25,707	0.002742	35.97	9,362,466	337,224,324
38	9,349,612	27,684	0.002961	35.07	9,335,770	327,861,858
39	9,321,928	29,849	0.003202	34.17	9,307,004	318,526,088
40	9,292,079	32,262	0.003472	33.28	9,275,948	309,219,084
41	9,259,817	34,993	0.003779	32.39	9,242,321	299,943,136
42	9,224,824	38,089	0.004129	31.51	9,205,780	290,700,815
43	9,186,735	41,588	0.004527	30.64	9,165,941	281,495,035
44	9,145,147	45,378	0.004962	29.78	9,122,458	272,329,094
45	9,099,769	49,321	0.005420	28.92	9,075,109	263,206,636
46	9,050,448	53,271	0.005886	28.08	9,023,813	254,131,527
47	8,997,177	57,096	0.006346	27.24	8,968,629	245,107,714
48	8,940,081	60,712	0.006791	26.41	8,909,725	236,139,085
49	8,879,369	64,278	0.007239	25.59	8,847,230	227,229,360
50	8,815,091	67,973	0.007711	24.77	8,781,105	218,382,130
51	8,747,118	71,980	0.008229	23.96	8,711,128	209,601,025
52	8,675,138	76,489	0.008817	23.16	8,636,894	200,889,897

註：本表壽險業通稱第三回經驗表(男)。

臺灣壽險業第三回經驗生命表(男)

(民國七十一年至民國七十五年)

年齡	生存數	死亡數	死亡率	平均餘命	生存人年數	
x	l_x	d_x	q_x	$\mathring{e}_x$	L_x	T_x
53	8,598,649	81,627	0.009493	22.36	8,557,836	192,253,003
54	8,517,022	87,453	0.010268	21.57	8,473,296	183,695,167
55	8,429,569	93,973	0.011148	20.79	8,382,583	175,221,871
56	8,335,596	101,186	0.012139	20.02	8,285,003	166,839,288
57	8,234,410	109,106	0.013250	19.26	8,179,857	158,554,285
58	8,125,304	117,695	0.014485	18.51	8,066,457	150,374,428
59	8,007,609	126,929	0.015851	17.77	7,944,145	142,307,971
60	7,880,680	136,753	0.017353	17.05	7,812,304	134,363,826
61	7,743,927	147,104	0.018996	16.34	7,670,375	126,551,522
62	7,596,823	157,892	0.020784	15.65	7,517,877	118,881,147
63	7,438,931	169,057	0.022726	14.97	7,354,403	111,363,270
64	7,269,874	180,591	0.024841	14.31	7,179,579	104,008,867
65	7,089,283	192,474	0.027150	13.66	6,993,046	96,829,288
66	6,896,809	204,663	0.029675	13.03	6,794,478	89,836,242
67	6,692,146	217,080	0.032438	12.41	6,583,606	83,041,764
68	6,475,066	229,619	0.035462	11.81	6,360,257	76,458,158
69	6,245,447	242,161	0.038774	11.22	6,124,367	70,097,901
70	6,003,286	254,539	0.042400	10.66	5,876,017	63,973,534
71	5,748,747	266,569	0.046370	10.11	5,615,463	58,097,517
72	5,482,178	278,001	0.050710	9.57	5,343,178	52,182,054
73	5,204,177	288,566	0.055449	9.06	5,059,894	47,138,876
74	4,915,611	298,019	0.060627	8.56	4,766,602	42,078,982
75	4,617,592	306,068	0.066283	8.08	4,464,558	37,312,380
76	4,311,524	312,404	0.072458	7.62	4,155,322	32,847,822
77	3,999,120	316,694	0.079191	7.17	3,840,773	28,692,500
78	3,682,426	318,622	0.086525	6.75	3,523,115	24,851,727
79	3,363,804	317,920	0.094512	6.34	3,204,844	21,328,612
80	3,045,884	314,354	0.103206	5.95	2,888,707	18,123,768
81	2,731,530	307,734	0.112660	5.58	2,577,663	15,235,061
82	2,423,796	297,955	0.122929	5.22	2,274,819	12,657,398
83	2,125,841	285,005	0.134067	4.88	1,983,339	10,382,579
84	1,840,836	269,011	0.146135	4.56	1,706,331	8,399,240
85	1,571,825	250,227	0.159195	4.26	1,446,712	6,692,909
86	1,321,598	229,047	0.173311	3.97	1,207,075	5,246,197
87	1.092,551	205,993	0.188543	3.70	989,555	4,039,122
88	886,558	181,702	0.204952	3.44	795,707	3,049,567
89	704,856	156,892	0.222588	3.20	626,410	2,253,860
90	547,964	132,334	0.241501	2.97	481,797	1,627,450
91	415,630	108,786	0.261738	2.76	361,237	1,145,653
92	306,844	86,943	0.283347	2.56	263,373	784,416
93	219,901	67,370	0.306364	2.37	186,216	521,043
94	152,531	50,452	0.330763	2.20	127,305	334,827
95	102,079	36,392	0.356505	2.03	83,883	207,522
96	65,687	25,194	0.383550	1.88	53,090	123,639
97	40,493	16,677	0.411860	1.74	32,155	70,549
98	23,816	10,512	0.441397	1.61	18,560	38,394
99	13,304	6,281	0.472130	1.49	10,164	19,834
100	7,023	3,540	0.504033	1.38	5,253	9,670
101	3,483	1,871	0.537078	1.27	2,548	4,417
102	1,612	921	0.571235	1.16	1,152	1,869
103	691	418	0.605373	1.04	482	717
104	273	175	0.639737	0.86	186	235
105	98	98	1.000000	0.50	49	49

附表C　臺灣壽險業第三回經驗生命表(女)

(民國七十一年至民國七十五年)

年齡	生存數	死亡數	死亡率	平均餘命	生存人年數	
x	l_x	d_x	q_x	e_x^0	L_x	T_x
0	10,000,000	87,200	0.008720	74.85	9,956,400	748,454,034
1	9,912,800	19,627	0.001980	74.50	9,902,987	738,497,634
2	9,893,173	12,169	0.001230	73.65	9,887,089	728,594,647
3	9,881,004	7,411	0.000750	72.74	9,877,299	718,707,558
4	9,873,593	4,838	0.000490	71.79	9,871,174	708,830,259
5	9,868,755	3,553	0.000360	70.83	9,866,979	698,959,085
6	9,865,202	3,157	0.000320	69.85	9,863,624	689,092,106
7	9,862,045	3,057	0.000310	68.87	9,860,517	679,228,482
8	9,858,988	2,958	0.000300	67.89	9,857,509	669,367,965
9	9,856,030	2,858	0.000290	66.91	9,854,601	659,510,456
10	9,853,172	2,857	0.000290	65.93	9,851,744	649,655,855
11	9,850,315	2,955	0.000300	64.95	9,848,838	639,804,111
12	9,847,360	3,151	0.000320	63.97	9,845,785	629,955,273
13	9,844,209	3,445	0.000350	62.99	9,842,487	620,109,488
14	9,840,764	4,153	0.000422	62.01	9,838,688	610,267,001
15	9,836,611	4,997	0.000508	61.04	9,834,113	600,428,313
16	9,831,614	6,017	0.000612	60.07	9,828,606	590,594,200
17	9,825,597	7,251	0.000738	59.11	9,821,972	580,765,594
18	9,818,346	7,717	0.000786	58.15	9,814,488	570,943,622
19	9,810,629	8,025	0.000818	57.20	9,806,617	561,129,134
20	9,802,604	8,215	0.000838	56.24	9,798,497	551,322,517
21	9,794,389	8,315	0.000849	55,29	9,790,232	541,524,020
22	9,786,074	8,367	0.000855	54.34	9,781,891	531,733,788
23	9,777,707	8,409	0.000860	53.38	9,773,503	521,951,897
24	9,769,298	8,499	0.000870	52.43	9,765,049	512,178,394
25	9,760,799	8,687	0.000890	51.47	9,756,456	502,413,345
26	9,752,112	9,030	0.000926	50.52	9,747,597	492,656,889
27	9,743,082	9,568	0.000982	49.56	9,738,298	482,909,292
28	9,733,514	10,347	0.001063	48.61	9,728,341	473,170,994
29	9,723,167	11,269	0.001159	47.66	9,717,533	463,442,653
30	9,711,898	12,227	0.001259	46.72	9,705,785	453,725,120
31	9,699,671	13,124	0.001353	45.78	9,693,109	444,019,335
32	9,686,547	13,832	0.001428	44.84	9,679,631	434,326,226
33	9,672,715	14,306	0.001479	43.90	9,665,562	424,646,595
34	9,658,409	14,642	0.001516	42.97	9,651,088	414,981,033
35	9,643,767	14,957	0.001551	42.03	9,636,289	405,329,945
36	9,628,810	15,396	0.001599	41.09	9,621,112	395,693,656
37	9,613,414	16,102	0.001675	40.16	9,605,363	386,072,544
38	9,597,312	17,170	0.001789	39.23	9,588,727	376,467,181
39	9,580,142	18,624	0.001944	38.30	9,570,830	366,878,454
40	9,561,518	20,443	0.002138	37.37	9,551,297	357,307,624
41	9,541,075	22,622	0.002371	36.45	9,529,764	347,756,327
42	9,518,453	25,138	0.002641	35.53	9,505,884	338,226,563
43	9,493,315	27,977	0.002947	34.63	9,479,327	328,720,679
44	9,465,338	31,046	0.003280	33.73	9,449,815	319,241,352
45	9,434,292	34,275	0.003633	32.84	9,417,155	309,791,537
46	9,400,017	37,572	0.003997	31.95	9,381,231	300,374,382
47	9,362,445	40,839	0.004362	31.08	9,342,026	290,993,151
48	9,321,606	44,026	0.004723	30.21	9,299,593	281,651,125
49	9,277,580	47,223	0.005090	29.36	9,253,969	272,351,532
50	9,230,357	50,527	0.005474	28.50	9,205,094	263,097,563
51	9,179,830	54,060	0.005889	27.66	9,152,800	253,892,469
52	9,125,770	57,912	0.006346	26.82	9,096,814	244,739,669

註：本表壽險業通稱第三回經驗表(女)。

臺灣壽險業第三回經驗生命表(女)

(民國七十一年至民國七十五年)

年齡	生存數	死亡數	死亡率	平均餘命	生存人年數	
x	l_x	d_x	q_x	$\overset{\circ}{e}_x$	L_x	T_x
53	9,067,858	62,133	0.006852	25.99	9,036,792	235,642,855
54	9,005,725	66,579	0.007393	25.16	8,972,436	226,606,063
55	8,939,146	71,057	0.007949	24.35	8,903,618	217,633,627
56	8,868,089	75,370	0.008499	23.54	8,830,404	208,730,009
57	8,792,719	79,345	0.009024	22.73	8,753,047	199,899,605
58	8,713,374	82,960	0.009521	21.94	8,671,894	191,146,558
59	8,630,414	86,856	0.010064	21.14	8,586,986	182,474,664
60	8,543,558	91,783	0.010743	20.35	8,497,667	173,887,678
61	8,451,775	98,463	0.011650	19.57	8,402,544	165,390,011
62	8,353,312	107,557	0.012876	18.79	8,299,534	156,987,467
63	8,245,755	119,357	0.014475	18.03	8,186,077	148,687,933
64	8,126,398	132,964	0.016362	17.29	8,059,916	140,501,856
65	7,993,434	147,183	0.018413	16.57	7,919,843	132,441,940
66	7,846,251	160,903	0.020507	15.87	7,765,800	124,522,097
67	7,685,348	173,082	0.022521	15.19	7,598,807	116,756,297
68	7,512,266	183,127	0.024377	14.53	7,420,703	109,157,490
69	7,329,139	191,804	0.026170	13.88	7,233,237	101,736,787
70	7,137,335	200,138	0.028041	13.24	7,037,266	94,503,550
71	6,937,197	209,025	0.030131	12.61	6,832,685	87,466,284
72	6,728,172	219,197	0.032579	11.98	6,618,574	80,633,599
73	6,508,975	231,082	0.035502	11.37	6,393,434	74,015,025
74	6,277,893	244,329	0.038919	10.77	6,155,729	67,621,591
75	6,033,564	258,405	0.042828	10.19	5,904,362	61,465,862
76	5,775,159	272,720	0.047223	9.62	5,638,799	55,561,500
77	5,502,439	286,683	0.052101	9.07	5,359,098	49,922,701
78	5,215,756	299,739	0.057468	8.54	5,065,887	44,563,603
79	4,916,017	311,557	0.063376	8.03	4,760,239	39,497,716
80	4,604,460	321,783	0.069885	7.54	4,443,569	34,737,477
81	4,282,677	330,015	0.077058	7.07	4,117,670	30,293,908
82	3,952,662	335,802	0.084956	6.62	3,784,761	26,176,238
83	3,616,860	338,694	0.093643	6.19	3,447,513	22,391,477
84	3,278,166	338,294	0.103196	5.78	3,109,019	18,943,964
85	2,939,872	334,246	0.113694	5.39	2,772,749	15,834,945
86	2,605,626	326,263	0.125215	5.01	2,442,495	13,062,196
87	2,279,363	314,187	0.137840	4.66	2,122,270	10,619,701
88	1,965,176	298,017	0.151649	4.32	1,816,168	8,497,431
89	1,667,159	277,960	0.166727	4.01	1,528,179	6,681,263
90	1,389,199	254,448	0.183162	3.71	1,261,975	5,153,084
91	1,134,751	228,131	0.201041	3.43	1,020,686	3,891,109
92	906,620	199,865	0.220451	3.17	806,688	2,870,423
93	706,755	170,658	0.241467	2.92	621,426	2,063,735
94	536,097	141,592	0.264117	2.69	465,301	1,442,309
95	394,505	113,781	0.288415	2.48	337,615	977,008
96	280,724	88,253	0.314376	2.28	236,598	639,393
97	192,471	65,828	0.342016	2.09	159,557	402,795
98	126,643	47,029	0.371351	1.92	103,129	243,238
99	79,614	32,037	0.402403	1.76	63,596	140,109
100	47,577	20,705	0.435197	1.61	37,225	76,513
101	26,872	12,623	0.469756	1.46	20,561	39,288
102	14,249	7,211	0.506105	1.31	10,644	18,727
103	7,038	3,822	0.543043	1.15	5,127	8,083
104	3,216	1,868	0.580837	0.92	2,282	2,956
105	1,348	1,348	1.000000	0.50	674	674

附表D　CSO表

COMMISSIONERS 1958 STANDARD ORDINARY MORTALITY TABLE*

Age x	Number Living l_x	Number Dying d_x	Deaths per 1,000
0	10,000,000	70,800	7.08
1	9,929,200	17,475	1.76
2	9,911,725	15,066	1.52
3	9,896,659	14,449	1.46
4	9,882,210	13,835	1.40
5	9,868,375	13,322	1.35
6	9,855,053	12,812	1.30
7	9,842,241	12,401	1.26
8	9,829,840	12,091	1.23
9	9,817,749	11,879	1.21
10	9,805,870	11,865	1.21
11	9,794,005	12,047	1.23
12	9,781,958	12,325	1.26
13	9,769,633	12,896	1.32
14	9,756,737	13,562	1.39
15	9,743,175	14,225	1.46
16	9,728,950	14,983	1.54
17	9,713,967	15,737	1.62
18	9,698,230	16,390	1.69
19	9,681,840	16,846	1.74
20	9,664,994	17,300	1.79
21	9,647,694	17,655	1.83
22	9,630,039	17,912	1.86
23	9,612,127	18,167	1.89
24	9,593,960	18,324	1.91
25	9,575,636	18,481	1.93
26	9,557,155	18,732	1.96
27	9,538,423	18,981	1.99
28	9,519,442	19,324	2.03
29	9,500,118	19,760	2.08

Age x	Number Living l_x	Number Dying d_x	Deaths per 1,000
30	9,480,358	20,193	2.13
31	9,460,165	20,718	2.19
32	9,439,447	21,239	2.25
33	9,418,208	21,850	2.32
34	9,396,358	22,551	2.40
35	9,373,807	23,528	2.51
36	9,350,279	24,685	2.64
37	9,325,594	26,112	2.80
38	9,299,482	27,991	3.01
39	9,271,491	30,132	3.25
40	9,241,359	32,622	3.53
41	9,208,737	35,362	3.84
42	9,173,375	38,253	4.17
43	9,135,122	41,382	4.53
44	9,093,740	44,741	4.92
45	9,048,999	48,412	5.35
46	9,000,587	52,473	5.83
47	8,948,114	56,910	6.36
48	8,891,204	61,794	6.95
49	8,829,410	67,104	7.60
50	8,762,306	72,902	8.32
51	8,689,404	79,160	9.11
52	8,610,244	85,758	9.96
53	8,524,486	92,832	10.89
54	8,431,654	100,337	11.90
55	8,331,317	108,307	13.00
56	8,223,010	116,849	14.21
57	8,106,161	125,970	15.54
58	7,980,191	135,663	17.00
59	7,844,528	145,830	18.59
60	7,698,698	156,592	20.34
61	7,542,106	167,736	22.24
62	7,374,370	179,271	24.31
63	7,195,099	191,174	26.57
64	7,003,925	203,394	29.04

Age x	Number Living l_x	Number Dying d_x	Deaths per 1,000
65	6,800,531	215,917	31.75
66	6,584,614	228,749	34.74
67	6,355,865	241,777	38.04
68	6,114,088	254,835	41.68
69	5,859,253	267,241	45.61
70	5,592,012	278,426	49.79
71	5,313,586	287,731	54.15
72	5,025,855	294,766	58.65
73	4,731,089	299,289	63.26
74	4,431,800	301,894	68.12
75	4,129,906	303,011	73.37
76	3,826,895	303,014	79.18
77	3,523,881	301,997	85.70
78	3,221,884	299,829	93.06
79	2,922,055	295,683	101.19
80	2,626,372	288,848	109.98
81	2,337,524	278,983	119.35
82	2,058,541	265,902	129.17
83	1,792,639	249,858	139.38
84	1,542,781	231,433	150.01
85	1,311,348	211,311	161.14
86	1,100,037	190,108	172.82
87	909,929	168,455	185.13
88	741,474	146,997	198.25
89	594,477	126,303	212.46
90	468,174	106,809	228.14
91	361,365	88,813	245.77
92	272,552	72,480	265.93
93	200,072	57,881	289.30
94	142,191	45,026	316.66
95	97,165	34,128	351.24
96	63,037	25,250	400.56
97	37,787	81,456	488.42
98	19,331	12,916	668.15
99	6,415	6,415	1,000.00

附表E CSO表

COMMUTATION COLUMNS 2.5%*

Commissioners 1958 Standard Ordinary Mortality Table

Age x	D_x	N_x	C_x	M_x
0	10,000,000.0000	324,850,104.9680	69,073.1710	2,076,826.7172
1	9,687,024.4290	314,850,104.9680	16,632.9566	2,007,753.5462
2	9,434,122.5838	305,163,080.5390	13,990.2787	1,991,120.5896
3	9,190,031.7084	295,728,957.9552	13,090.0808	1,977,130.3109
4	8,952,794.4741	286,538,926.2468	12,228.1241	1,964,040.2301
5	8,722,205.5791	277,586,131.7727	11,487.5189	1,951,812.1060
6	8,497,981.3556	268,863,926.1936	10,778.2903	1,940,324.5871
7	8,279,935.2370	260,365,944.8380	10,178.0782	1,929,546.2968
8	8,067,807.4636	252,086,009.6010	9,681.6066	1,919,368.2186
9	7,861,350.0557	244,018,202.1374	9,279,8558	1,909,686.6120
10	7,660,329.9546	236,156,852.0817	9,042.8478	1,900,406.7562
11	7,464,449.7860	228,496,522.1271	8,957.6178	1,891,363.9084
12	7,273,432.4866	221,032,072.3411	8,940.8062	1,882,406.2906
13	7,087,090.8833	213,758,639.8545	9,126.8500	1,873,465.4844
14	6,905,108.1581	206,571,548.9712	9,364.0939	1,864,338.6344
15	6,727,326.7826	199,766,440.8131	9,582.3146	1,854,974.5405
16	6,553,663.2627	193,039,114.0305	9,846.7536	1,845,392.2259
17	6,383,971.1254	186,485,450.7678	10,090.0279	1,835,545.4723
18	6,218,174.4633	180,101,479.6424	10,252.3993	1,825,455.4444
19	6,056,259.3006	173,883,305.1791	10,280.6243	1,815,203.0451
20	5,898,264.9735	167,827,045.8785	10,300.1828	1,804,922.4208
21	5,744,104.7377	161,928,780.9050	10,255.1657	1,794,622.2380
22	5,593,749.4258	156,184,676.1673	10,150.6810	1,784,367.0723
23	5,447,165.8414	150,590,926.7415	10,044.0865	1,774,216.3913
24	5,304,263.9929	145,143,760.9001	9,883.7932	1,764,172.3048
25	5,165,007.9517	139,839,496.9072	9,725.3439	1,754,288.5116
26	5,029,306.7854	134,674,488.9555	9,617.0037	1,744,563.1677
27	4,897,023.7928	129,645,182.1701	9,507.1611	1,734,946.1640
28	4,768,076.9758	124,748,158.3773	9,442.8900	1,725,439.0029
29	4,642,339.5370	119,980,081.4015	9,420.4356	1,715,996.1129

Age x	D_x	N_x	C_x	M_x
30	4,519,691.3751	115,337,741.8645	9,392.0634	1,706,575.6773
31	4,400,062.8465	110,818,050.4894	9,401.2183	1,697,183.6139
32	4,283,343.0569	106,417,987.6429	9,402.5686	1,687,782.3956
33	4,169,468.7479	102,134,644.5860	9,437.1317	1,678,379.8270
34	4,058,337.1968	97,965,175.8381	9,502.3390	1,668,942.6953
35	3,949,851.0856	93,906,838.6413	9,672.2130	1,659,440.3563
36	3,843,840.9771	89,956,987.5557	9,900.3401	1,649,768.1433
37	3,740,188.4751	86,113,146.5786	10,217.2318	1,639,867.8032
38	3,638,747.0704	82,372,958.1035	10,685.3232	1,629,650.5714
39	3,539,311.8617	78,734,211.0331	11,222.0794	1,618,965.2482
40	3,441,765.0620	75,194,899.1714	11,853.1042	1,607,743.1688
41	3,345,966.5023	71,753,134.1094	12,535.2926	1,595,890.0646
42	3,251,822.2774	68,407,167.6071	13,229.3739	1,583,354.7720
43	3,159,280.1784	65,155,345.3297	13,962.4424	1,570,125.3981
44	3,068,262.0685	61,996,065.1513	14,727.5918	1,556,162.9557
45	2,978,698.8164	58,927,803.0828	15,547.3085	1,541,435.3639
46	2,890,500.3526	55,949,104.2664	16,440.4699	1,525,888.0554
47	2,803,559.9048	53,058,603.9138	17,395.7457	1,509,447.5855
48	2,717,784.6405	50,255,044.0090	18,427.9447	1,492,051.8398
49	2,633,069.2135	47,537,259.3685	19,523.3861	1,473,623.8951
50	2,549,324.6723	44,904,190.1550	20,692.9455	1,454,100.5090
51	2,466,453.0891	42,354,865.4827	21,921.2231	1,433,407.5635
52	2,384,374.4270	39,888,412.3936	23,169.1325	1,411,486.3404
53	2,303,049.8123	37,504,037.9666	24,468.5917	1,388,317.2079
54	2,222,409.2905	35,200,988.1543	25,801.7117	1,363,848.6162
55	2,142,402.4988	32,978,578.8638	27,171.9031	1,338,046.9045
56	2,062,976.8254	30,836,176.3650	28,599.9098	1,310,875.0014
57	1,984,060.3996	28,773,199.5396	30,080.3536	1,282,275.0916
58	1,905,588.3725	26,789,139.1400	31,604.8230	1,252,194.7380
59	1,827,505.7998	24,883,550.7675	33,144.7659	1,220,589.9150
60	1,749,787.7198	23,056,044.9677	34,722.7242	1,187,445.1491
61	1,672,387.2632	21,306,257.2479	36,286.6291	1,152,722.4249
62	1,595,310.6622	19,633,869.9847	37,836.1144	1,116,435.7958
63	1,518,564.5694	18,038,559.3225	39,364.2006	1,078,599.6814
64	1,442,162.1578	16,519,994.7531	40,858.9196	1,039,235.4808

Age x	D_x	N_x	C_x	M_x
65	1,366,128.5462	15,077,832.5953	42,316.6940	998,376.5612
66	1,290,491.6985	13,711,704.0491	43,738.1310	956,059.8672
67	1,215,278.1249	12,421,212.3506	45,101.6207	912,321.7362
68	1,140,535.6099	11,205,934.2257	46,378.0358	867,220.1155
69	1,066,339.5743	10,065,398.6158	47,449.5963	820,842.0797
70	992,881.7500	8,999,059.0415	48,229.7870	773,392.4834
71	920,435.3077	8,006,177.2915	48,625.9779	725,162.6964
72	849,359.6946	7,085,741.9838	48,599.8832	676,536.7185
73	780,043.7396	6,236,382.2892	48,142.0663	627,936.8353
74	712,876.2140	5,456,338.5496	47,376.6752	579,794.7690
75	648,112.3021	4,743,462.3356	46,392.1628	532,418.0938
76	585,912.5111	4,095,350.0335	45,261.0951	486,025.9310
77	526,360.8716	3,509,437.5224	44,008.9628	440,764.8359
78	469,513.8465	2,983,076.6508	42,627.3426	396,755.8731
79	415,434.9294	2,513,562.8043	41,012.5834	354,128.5305
80	364,289.7989	2,098,127.8749	39,087.3533	313,115.9471
81	316,317.3241	1,733,838.0760	36,831.6174	274,028.5938
82	271,770.6619	1,417,520.7519	34,248.4382	237,196.9764
83	230,893.6600	1,145,750.0900	31,397.0289	202,948.5382
84	193,865.0736	914,856.4300	28,372.4430	171,551.5093
85	160,764.2229	720,991.3564	25,273.7507	143,179.0663
86	131,569.3974	560,227.1335	22,183.1949	117,905.3156
87	106,177.1855	428,657.7361	19,177.1362	95,722.1207
88	84,410.3641	322,480.5506	16,326.1748	76,544.9845
89	66,025.3978	238,070.1865	13,685.6613	60,218.8097
90	50,729.3636	172,044.7887	11,291.0955	46,533.1484
91	38,200.9638	121,315.4251	9,159.6932	35,242.0529
92	28,109.5415	83,114.4613	7,292.8738	26,082.3597
93	20,131.0686	55,004.9198	5,681.8884	18,789.4859
94	13,958.1795	34,873.8512	4,312.1729	13,107.5975
95	9,305.5630	20,915.6717	3,188.7449	8,795.4246
96	5,889.8533	11,610.1087	2,301.6880	5,606.6797
97	3,444.5103	5,720.2554	1,641.3408	3,304.9917
98	1,719.1569	2,275.7451	1,120.6380	1,663.6509
99	556.5882	556.5882	543.0129	543.0129

三民大專用書書目——經濟·財政

書名	著者		任職
經濟學新辭典	高叔康	編	
經濟學通典	林華德	著	國際票券公司
經濟思想史	史考特	著	
西洋經濟思想史	林鐘雄	著	臺灣大學
歐洲經濟發展史	林鐘雄	著	臺灣大學
近代經濟學說	安格爾	著	
比較經濟制度	孫殿柏	著	前政治大學
通俗經濟講話	邢慕寰	著	香港大學
經濟學原理	歐陽勛	著	前政治大學
經濟學導論（增訂新版）	徐育珠	著	南康乃狄克州立大學
經濟學概要	趙鳳培	著	前政治大學
經濟學	歐陽勛 黃仁德	著	政治大學
經濟學（上）、（下）	陸民仁	編著	前政治大學
經濟學（上）、（下）	陸民仁	著	前政治大學
經濟學（上）、（下）（增訂新版）	黃柏農	著	中正大學
經濟學概論	陸民仁	著	前政治大學
國際經濟學	白俊男	著	東吳大學
國際經濟學	黃智輝	著	東吳大學
個體經濟學	劉盛男	著	臺北商專
個體經濟分析	趙鳳培	著	前政治大學
總體經濟分析	趙鳳培	著	前政治大學
總體經濟學	鍾甦生	著	西雅圖銀行
總體經濟學	張慶輝	著	政治大學
總體經濟理論	孫震	著	工研院
數理經濟分析	林大侯	著	臺灣綜合研究院
計量經濟學導論	林華德	著	國際票券公司
計量經濟學	陳正澄	著	臺灣大學
經濟政策	湯俊湘	著	前中興大學
平均地權	王全祿	著	考試委員
運銷合作	湯俊湘	著	前中興大學
合作經濟概論	尹樹生	著	中興大學
農業經濟學	尹樹生	著	中興大學

書名	作者		單位
凱因斯經濟學	趙鳳培	譯	前政治大學
工程經濟	陳寬仁	著	中正理工學院
銀行法	金桐林	著	中興銀行
銀行法釋義	楊承厚	編著	銘傳大學
銀行學概要	林葭蕃	著	
銀行實務	邱潤容	著	台中商專
商業銀行之經營及實務	文大熙	著	
商業銀行實務	解宏賓	編著	中興大學
貨幣銀行學	何偉成	著	中正理工學院
貨幣銀行學	白俊男	著	東吳大學
貨幣銀行學	楊樹森	著	文化大學
貨幣銀行學	李穎吾	著	前臺灣大學
貨幣銀行學	趙鳳培	著	前政治大學
貨幣銀行學	謝德宗	著	臺灣大學
貨幣銀行學	楊雅惠	編著	中華經濟研究院
貨幣銀行學 ——理論與實際	謝德宗	著	臺灣大學
現代貨幣銀行學（上）（下）（合）	柳復起	著	澳洲新南威爾斯大學
貨幣學概要	楊承厚	著	銘傳大學
貨幣銀行學概要	劉盛男	著	臺北商專
金融市場概要	何顯重	著	
金融市場	謝劍平	著	政治大學
現代國際金融	柳復起	著	
國際金融 ——匯率理論與實務	黃仁德 蔡文雄	著	政治大學
國際金融理論與實際	康信鴻	著	成功大學
國際金融理論與制度（革新版）	歐陽勛 黃仁德	編著	政治大學
金融交換實務	李麗	著	中央銀行
衍生性金融商品	李麗	著	中央銀行
財政學	徐育珠	著	南康乃狄克州立大學
財政學	李厚高	著	國策顧問
財政學	顧書桂	著	
財政學	林華德	著	國際票券公司
財政學	吳家聲	著	財政部
財政學原理	魏萼	著	中山大學
財政學概要	張則堯	著	前政治大學

財政學表解	顧書桂 著	
財務行政（含財務會審法規）	莊義雄 著	成功大學
商用英文	張錦源 著	政治大學
商用英文	程振粵 著	前臺灣大學
商用英文	黃正興 著	實踐大學
實用商業美語 I ── 實況模擬	杉田敏 著 張錦源校譯	政治大學
實用商業美語 I ── 實況模擬（錄音帶）	杉田敏 著 張錦源校譯	政治大學
實用商業美語 II ── 實況模擬	杉田敏 著 張錦源校譯	政治大學
實用商業美語 II ── 實況模擬（錄音帶）	杉田敏 著 張錦源校譯	政治大學
實用商業美語 III ── 實況模擬	杉田敏 著 張錦源校譯	政治大學
實用商業美語 III ── 實況模擬（錄音帶）	杉田敏 著 張錦源校譯	政治大學
國際商務契約 ── 實用中英對照範例集	陳春山 著	中興大學
貿易契約理論與實務	張錦源 著	政治大學
貿易英文實務	張錦源 著	政治大學
貿易英文實務習題	張錦源 著	政治大學
貿易英文實務題解	張錦源 著	政治大學
信用狀理論與實務	蕭啟賢 著	輔仁大學
信用狀理論與實務 ── 國際商業信用證實務	張錦源 著	政治大學
國際貿易	李穎吾 著	前臺灣大學
國際貿易	陳正順 著	臺灣大學
國際貿易概要	何顯重 著	
國際貿易實務詳論（精）	張錦源 著	政治大學
國際貿易實務（增訂新版）	羅慶龍 著	逢甲大學
國際貿易實務新論	張錦源 康蕙芬 著	政治大學
國際貿易實務新論題解	張錦源 康蕙芬 著	政治大學
國際貿易理論與政策（增訂新版）	歐陽勛 黃仁德 編著	政治大學
國際貿易原理與政策	黃仁德 著	政治大學
國際貿易原理與政策	康信鴻 著	成功大學
國際貿易政策概論	余德培 著	東吳大學
國際貿易論	李厚高 著	國策顧問

書名	作者	單位
國際商品買賣契約法	鄧越今編著	外貿協會
國際貿易法概要（修訂版）	于政長編著	東吳大學
國際貿易法	張錦源 著	政治大學
現代國際政治經濟學——富強新論	戴鴻超 著	底特律大學
外匯、貿易辭典	于政長編著 張錦源校訂	東吳大學 政治大學
貿易實務辭典	張錦源編著	政治大學
貿易貨物保險	周詠棠 著	前中央信託局
貿易慣例——FCA、FOB、CIF、CIP等條件解說（修訂版）	張錦源 著	政治大學
貿易法規	張錦源 白允宜 編著	政治大學 中華徵信所
保險學	陳彩稚 著	政治大學
保險學	湯俊湘 著	前中興大學
保險學概要	袁宗蔚 著	前政治大學
人壽保險學	宋明哲 著	銘傳大學
人壽保險的理論與實務（再增訂版）	陳雲中編著	臺灣大學
火災保險及海上保險	吳榮清 著	文化大學
保險實務（增訂新版）	胡宜仁主編	景文工商
關稅實務	張俊雄主編	淡江大學
保險數學	許秀麗 著	成功大學
意外保險	蘇文斌 著	成功大學
商業心理學	陳家聲 著	臺灣大學
商業概論	張鴻章 著	臺灣大學
營業預算概念與實務	汪承運 著	會計師
財產保險概要	吳榮清 著	文化大學
稅務法規概要	劉代洋 林長友 著	臺灣科技大學 臺北商專
證券交易法論	吳光明 著	中興大學
證券投資分析——會計資訊之應用	張仲岳 著	中興大學

三民大專用書書目——會計・審計・統計

書名	作者		任職
會計制度設計之方法	趙仁達	著	
銀行會計	文大熙	著	
銀行會計（上）（下）（革新版）	金桐林	著	中興銀行
銀行會計實務	趙仁達	著	
初級會計學（上）（下）	洪國賜	著	前淡水工商管理學院
中級會計學（上）（下）	洪國賜	著	前淡水工商管理學院
中級會計學題解	洪國賜	著	前淡水工商管理學院
中等會計（上）（下）	薛光圻 張鴻春	著	西東大學
會計學（上）（下）（修訂版）	幸世間	著	前臺灣大學
會計學題解	幸世間	著	前臺灣大學
會計學概要	李兆萱	著	前臺灣大學
會計學概要習題	李兆萱	著	前臺灣大學
會計學㈠	林宜勉	著	中興大學
成本會計	張昌齡	著	成功大學
成本會計（上）（下）（增訂新版）	洪國賜	著	前淡水工商管理學院
成本會計題解（上）（下）（增訂新版）	洪國賜	著	前淡水工商管理學院
成本會計	盛禮約	著	淡水工商管理學院
成本會計習題	盛禮約	著	淡水工商管理學院
成本會計概要	童綷	著	
成本會計（上）（下）	費鴻泰 王怡心	著	中興大學
成本會計習題與解答（上）（下）	費鴻泰 王怡心	著	中興大學
管理會計	王怡心	著	中興大學
管理會計習題與解答	王怡心	著	中興大學
政府會計	李增榮	著	政治大學
政府會計	張鴻春	著	臺灣大學
政府會計題解	張鴻春	著	臺灣大學
財務報表分析	洪國賜 盧聯生	著	前淡水工商管理學院 輔仁大學
財務報表分析題解	洪國賜	著	前淡水工商管理學院
財務報表分析（增訂新版）	李祖培	著	中興大學

書名	作者		單位
財務報表分析題解	李祖培	著	中興大學
稅務會計（最新版）	卓敏枝 盧聯生 莊傳成	著	臺灣大學 輔仁大學 文化大學
珠算學（上）（下）	邱英祧	著	
珠算學（上）（下）	楊渠弘	著	臺中商專
商業簿記（上）（下）	盛禮約	著	淡水工商管理學院
審計學	殷文俊 金世朋	著	政治大學
商用統計學	顏月珠	著	臺灣大學
商用統計學題解	顏月珠	著	臺灣大學
商用統計學	劉一忠	著	舊金山州立大學
統計學	成灝然	著	臺中商專
統計學	柴松林	著	交通大學
統計學	劉南溟	著	臺灣大學
統計學	張浩鈞	著	臺灣大學
統計學	楊維哲	著	臺灣大學
統計學	張健邦	著	政治大學
統計學（上）（下）	張素梅	著	臺灣大學
統計學題解	蔡淑女 著 張健邦 校訂		政治大學
現代統計學	顏月珠	著	臺灣大學
現代統計學題解	顏月珠	著	臺灣大學
統計學	顏月珠	著	臺灣大學
統計學題解	顏月珠	著	臺灣大學
推理統計學	張碧波	著	銘傳大學
應用數理統計學	顏月珠	著	臺灣大學
統計製圖學	宋汝濬	著	臺中商專
統計概念與方法	戴久永	著	交通大學
統計概念與方法題解	戴久永	著	交通大學
迴歸分析	吳宗正	著	成功大學
變異數分析	呂金河	著	成功大學
多變量分析	張健邦	著	政治大學
抽樣方法	儲全滋	著	成功大學
抽樣方法 ——理論與實務	鄭光甫 韋端	著	中央大學 主計處
商情預測	鄭碧娥	著	成功大學

三民大專用書書目——數學

書名	著者		任職
數　學	楊維哲 蔡聰明	著	臺灣大學
數　學	吳順益 姚任之	著	成功大學 中山大學
數　學	嚴自強等	編著	建國工專
數　學(一)、(二)、(三)、(四)（工專）	吳順益 姚任之	著	成功大學 中山大學
數　學(一)、(二)、(三)、(四)（工專）	楊維哲 蔡聰明	著	臺灣大學
數　學(一)、(二)、(三)、(四)	嚴自強等	編著	建國工專
二專數學（工專）	姚任之 郭忠勝	著	中山大學 臺灣師大
五專數學(一)、(二)、(三)、(四)（商專）	吳順益 姚任之	著	成功大學 中山大學
商專數學(一)、(二)、(三)、(四)	葉能哲	著	淡水工商管理學院
管理數學	謝志雄	著	東吳大學
管理數學	戴久永	著	交通大學
管理數學題解	戴久永	著	交通大學
保險數學	蘇文斌	著	成功大學
商用數學	薛昭雄	著	政治大學
商用數學（含商用微積分）	楊維哲	著	臺灣大學
線性代數	謝志雄	著	東吳大學
商用微積分	何典恭	著	淡水工商管理學院
商用微積分題解	何典恭	著	淡水工商管理學院
微積分	楊維哲	著	臺灣大學
微積分（上）、（下）	楊維哲	著	臺灣大學
微積分	何典恭	著	淡水工商管理學院
微積分題解	何典恭	著	淡水工商管理學院
微積分	姚任之	著	中山大學
微積分題解	姚任之	著	中山大學
二專微積分（上）、（下）	姚任之 郭忠勝	著	中山大學 臺灣師大
數學（微積分）	姚任之 郭忠勝	著	中山大學 臺灣師大
大二微積分	楊維哲	著	臺灣大學
機率導論	戴久永	著	交通大學

三民大專用書書目——行政・管理

書名	作者		單位
行政學（修訂版）	張潤書	著	政治大學
行政學	左潞生	著	前中興大學
行政學	吳瓊恩	著	政治大學
行政學新論	張金鑑	著	前政治大學
行政學概要	左潞生	著	前中興大學
行政管理學	傅肅良	著	前中興大學
行政生態學	彭文賢	著	中央研究院
人事行政學	張金鑑	著	前政治大學
人事行政學	傅肅良	著	前中興大學
各國人事制度	傅肅良	著	前中興大學
人事行政的守與變	傅肅良	著	前中興大學
各國人事制度概要	張金鑑	著	前政治大學
現行考銓制度	陳鑑波	著	
考銓制度	傅肅良	著	前中興大學
員工考選學	傅肅良	著	前中興大學
員工訓練學	傅肅良	著	前中興大學
員工激勵學	傅肅良	著	前中興大學
交通行政	劉承漢	著	前成功大學
陸空運輸法概要	劉承漢	著	前成功大學
運輸學概要	程振粵	著	前臺灣大學
兵役理論與實務	顧傳型	著	
行為管理論	林安弘	著	德明商專
組織行為學	高尚仁 伍錫康	著	香港大學
組織行為學	藍采風 廖榮利	著	美國印第安那大學 臺灣大學
組織原理	彭文賢	著	中央研究院
組織結構	彭文賢	著	中央研究院
組織行為管理	龔平邦	著	前逢甲大學
行為科學概論	龔平邦	著	前逢甲大學
行為科學概論	徐道鄰	著	
行為科學與管理	徐木蘭	著	臺灣大學
實用企業管理學	解宏賓	著	中興大學
企業管理	蔣靜一	著	逢甲大學

書名	作者		學校
企業管理	陳定國	著	前臺灣大學
企業管理辭典	Bengt Karlöf 著 廖文志、樂 斌	譯	臺灣科技大學
國際企業論	李蘭甫	著	東吳大學
企業政策	陳光華	著	交通大學
企業概論	陳定國	著	臺灣大學
管理新論	謝長宏	著	交通大學
管理概論	郭崑謨	著	中興大學
企業組織與管理	郭崑謨	著	中興大學
企業組織與管理（工商管理）	盧宗漢	著	中興大學
企業管理概要	張振宇	著	中興大學
現代企業管理	龔平邦	著	前逢甲大學
現代管理學	龔平邦	著	前逢甲大學
管理學	龔平邦	著	前逢甲大學
管理數學	謝志雄	著	東吳大學
管理數學	戴久永	著	交通大學
管理數學題解	戴久永	著	交通大學
文檔管理	張 翊	著	郵政研究所
資料處理	呂執中 李明章	著	成功大學
事務管理手冊	行政院新聞局	編	
現代生產管理學	劉一忠	著	舊金山州立大學
生產管理	劉漢容	著	成功大學
生產與作業管理（修訂版）	潘俊明	著	臺灣科技大學
生產與作業管理	黃峯蕙 施勵行 林秉山	著	中正大學
管理心理學	湯淑貞	著	成功大學
品質管制（合）	柯阿銀	譯	中興大學
品質管理	戴久永	著	交通大學
品質管理	徐世輝	著	臺灣科技大學
品質管理	鄭春生	著	元智大學
可靠度導論	戴久永	著	交通大學
人事管理（修訂版）	傅肅良	著	前中興大學
人力資源策略管理	何永福 楊國安	著	政治大學
作業研究	林照雄	著	輔仁大學
作業研究	楊超然	著	臺灣大學
作業研究	劉一忠	著	舊金山州立大學

書名	作者		學校
作業研究	廖慶榮	著	臺灣科技大學
作業研究題解	廖慶榮 廖麗滿	著	臺灣科技大學
數量方法	葉桂珍	著	成功大學
系統分析	陳進	著	聖瑪利大學
系統分析與設計	吳宗成	著	臺灣科技大學
決策支援系統	范懿文 季延平 王存國	著	中央大學
秘書實務	黃正興	編著	實踐大學
市場調查	方世榮	著	雲林科技大學
國際匯兌	林邦充	著	長榮管理學院
國際匯兌	于政長	著	東吳大學
國際行銷管理	許士軍	著	高雄企銀
國際行銷	郭崑謨	著	中興大學
國際行銷（五專）	郭崑謨	著	中興大學
行銷學通論	龔平邦	著	前逢甲大學
行銷學（增訂新版）	江顯新	著	中興大學
行銷學	方世榮	著	雲林科技大學
行銷學	曾光華	著	中正大學
行銷管理	郭崑謨	著	中興大學
行銷管理	郭振鶴	著	東吳大學
關稅實務	張俊雄	著	淡江大學
實用國際行銷學	江顯新	著	中興大學
市場學	王德馨 江顯新	著	中興大學
市場學概要	蘇在山	著	
投資學	龔平邦	著	前逢甲大學
投資學	白俊男 吳麗瑩	著	東吳大學
投資學	徐燕山	著	政治大學
海外投資的知識	日本輸出入銀行 海外投資研究所	編	
國際投資之技術移轉	鍾瑞江	著	東吳大學
外匯投資理財與風險（增訂新版） ——外匯操作的理論與實務	李麗	著	中央銀行
財務報表分析	洪國賜 盧聯生	著	淡水工商管理學院
財務報表分析題解	洪國賜	編	淡水工商管理學院